KB179836

필수 지참 **여행영어 가이드**

MUST
HAVE

메스트
헤브
TRAVEL
ENGLISH

여행영어

MUST
HAVE
여행영어

초판 인쇄일 2019년 3월 8일
초판 발행일 2019년 3월 28일

지은이 Jin Kim
발행처 앤제이BOOKS
등록번호 제 25100-2017-000025호
주소 (03334) 서울시 은평구 연서로21길 24 2층
전화 02) 353-3933　　**팩스** 02) 353-3934
이메일 andjbooks@naver.com

ISBN 979-11-960603-8-1
정가 9,800원

이 도서의 국립중앙도서관 출판시도서목록(CIP)은 서지정보유통지원시스템
홈페이지(http://seoji.nl.go.kr)와 국가자료공동목록시스템(http://www.nl.go.kr/kolisnet)에서
이용하실 수 있습니다.(CIP제어번호: CIP2019002594)

필수 지참 **여행영어 가이드**

MUST
HAVE
여행영어

머스트
해브
TRAVEL
ENGLISH

Jin Kim 지음

앤제이
BOOKS

Preface

MUST HAVE 여행영어는 해외여행을 가면 가장 많이 쓰이는 언어인 영어, 특히 여행에 필요한 영어회화 표현을 찾아보기 쉽게 최대한 다양하게 실었습니다. 영어를 못 한다고, 또는 아예 읽을 줄도 모른다고 너무 겁먹지 마세요. 모든 표현과 단어에 한글 발음을 표기하여 영어 읽기가 서툰 독자도 필요한 표현을 찾아 쉽게 말할 수 있도록 했습니다.

영어회화, 특히 여행 중 영어회화는 내 의사를 간단하고 정확하게 상대방에게 전달하는 것이 가장 중요합니다. 이러한 생각을 담아 여행 중 마주할 다양한 상황에 필요한 표현을 쉽게 찾아 바로바로 의사소통할 수 있도록 곳곳에 코너를 구성했습니다.

여행지로 향하는 비행기 안에서부터 집으로 돌아오는 순간까지 파트를 세세하게 나누고, 파트가 시작되면 필요한 단어만 대입하여 문장을 만들어 말하는 '요것만 알아도~' 코너로 시작합니다.
그다음 필수단어를 알아보고, 실제상황에서 나눌 만한 대화문을 훑어봅니다. 그리고 자신이 처한 상황에 맞게 바로바로 찾아 쓸 수 있는 꼭 써먹을 만한 유용한 표현들을 엄선해서 실었습니다. 모든 표현은 원어민의 정확한 발음으로 녹음해 MP3 파일로 담았으니 꼭 음원을 듣고 큰 소리로 따라 하는 훈련을 해보세요.
모든 파트가 끝난 후 기본적인 생활회화 표현과 우리가 잘못 알고 쓰는 영단어, 그리고 영국식과 미국식 영어의 차이를 알아보는 부록도 추가했습니다.

이 책이 세상에 나와 여러분의 해외여행에 조금이나마 도움이 된다면 큰 기쁨이 될 것입니다.

즐거운 여행 다녀오세요!

Jim Kim

How to use this book

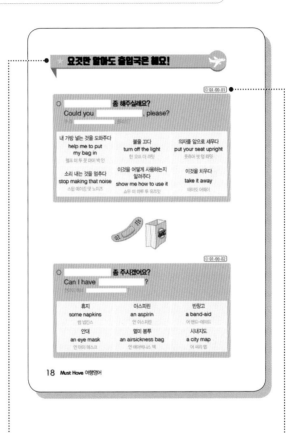

★ 요것만 말아도 출입국은 해요!

⊙ 01-00-01

○ _____ 좀 해주실래요?
Could you _____, please?
쿠쥬   플리즈

내 가방 넣는 것을 도와주다	불을 끄다	의자를 앞으로 세우다
help me to put my bag in	turn off the light	put your seat upright
헬프 미 투 풋 마이 백 인	턴 오프 더 라잇	풋 츄어 씻 업 롸잇

소리 내는 것을 멈추다	이것을 어떻게 사용하는지 알려주다	이것을 치우다
stop making that noise	show me how to use it	take it away
스탑 메이킹 댓 노이즈	쇼우 미 하우 투 유즈잇	테이킹 어웨이

⊙ 01-00-02

○ _____ 좀 주시겠어요?
Can I have _____?
캔 아이 해브

휴지	아스피린	반창고
some napkins	an aspirin	a band-aid
썸 냅킨스	언 아스피린	어 밴드-에이드

안대	멀미 봉투	시내지도
an eye mask	an airsickness bag	a city map
언 아이 매스크	언 에어씩니스 백	어 씨티 맵

18 Must Have 여행영어

요것만 알아도!

빈칸에 표현만 대입하면 그 상황에 필요한 표현 대부분을 말할 수 있는 '요것만 알아두~' 코너예요

MP3 파일

이 책의 모든 단어, 대화문, 표현을 정확한 원어민의 발음으로 녹음해 MP3 음원을 제공해요. 다운로드 방법은 책표지 뒤쪽 날개에 자세히 설명했어요.

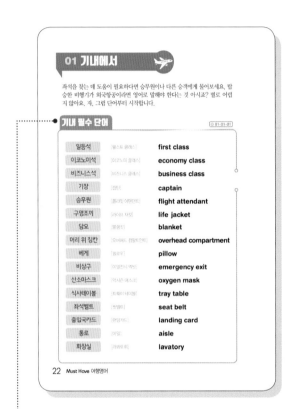

01 기내에서

좌석을 찾는 데 도움이 필요하다면 승무원이나 다른 승객에게 물어보세요. 탑승한 비행기가 외국항공이라면 영어로 말해야 한다는 것 아시죠? 별로 어렵지 않아요. 자, 그럼 단어부터 시작합니다.

기내 필수 단어

⊙ 01-01-01

일등석	[퍼스트 클래스]	first class
이코노미석	[이코노미 클래스]	economy class
비즈니스석	[비즈니스 클래스]	business class
기장	[캡틴]	captain
승무원	[플라잇 어텐던트]	flight attendant
구명조끼	[라이프 재킷]	life jacket
담요	[블랭킷]	blanket
머리 위 짐칸	[오버헤드 컴파트먼트]	overhead compartment
베게	[필로우]	pillow
비상구	[이멀전시 엑싯]	emergency exit
산소마스크	[악시즌 마스크]	oxygen mask
식사테이블	[트레이 테이블]	tray table
좌석벨트	[씻벨트]	seat belt
출입국카드	[랜딩 카드]	landing card
통로	[아일]	aisle
화장실	[라바토리 룸]	lavatory

22　Must Have 여행영어

필수 단어

주제에 꼭 필요힌 단어를 먼서 알아보는 코너예요. 한글 발음을 표기했기 때문에 스펠링을 꼭 외울 필요 없어요. 급할 때는 단어만 말해도 의사소통이 되기도 하니까 반드시 암기하세요.

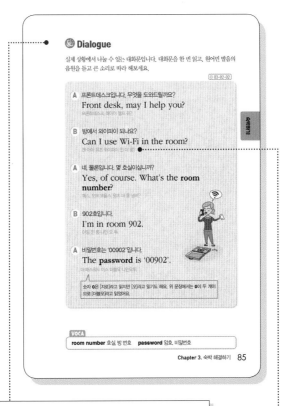

Dialogue

실제 상황에서 나눌 수 있는 대화문입니다. 대화문을 한 번 읽고, 원어민 발음의
음원을 듣고 큰 소리로 따라 해보세요.

ⓐ 03-02-02

A 프론트데스크입니다. 무엇을 도와드릴까요?
Front desk, may I help you?
프론트데스크, 메이 아이 헬프 유?

B 방에서 와이파이 되나요?
Can I use Wi-Fi in the room?
캔 아이 유즈 와이파이 인 더 룸?

A 네, 물론입니다. 몇 호실이십니까?
**Yes, of course. What's the room
number?**
예스, 오브 코올스. 왓츠 더 룸 넘버?

B 902호입니다.
I'm in room 902.
아임 인 룸 나인 오 투.

A 비밀번호는 '00902'입니다.
The password is '00902'.
더 패스워드 이즈 더블오 나인오투.

> 숫자 0은 [지로]라고 읽지만 [오]라고 읽기도 해요. 위 문장에서는 0이 두 개이
> 므로 [더블오]라고 읽었어요.

VOCA
room number 호실, 방 번호 **password** 암호, 비밀번호

Dialogue

실제 상황에서 나눌만한 짤막한 대화문을 알아보고
주요 표현들이 어떻게 쓰이는지 생생하게 학습할 수
있어요. MP3 음원을 듣고 큰 소리로 따라 하세요.

발음기호 한글 표기

모든 단어와 표현에는 한글 발음을 표기했어요. 한글로
영어발음을 정확하게 표기하기는 어렵지만 급한 상황에
서 유용하게 쓰일 수 있어요.

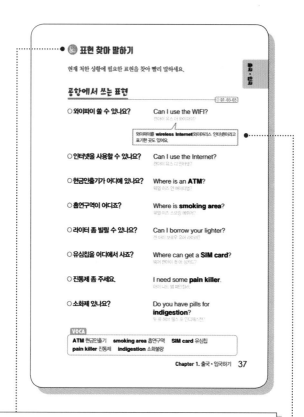

표현 찾아 말하기

여행 중 생길 수 있는 모든 상황을 아주 자세하게 분류해서 그 상황에 필요한 표현을 바로 찾아 말할 수 있도록 제시했어요. MP3 음원을 꼭 들어보고 큰 소리로 따라 하세요.

표현 팁

다양한 표현을 배우다가 참고로 알아둘 유용한 문법 상식 및 추가 단어 등을 말풍선으로 보여줘요.

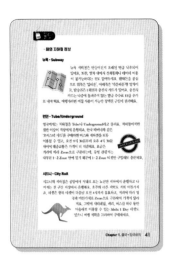

꿀팁!

다양한 해외여행 정보와 문화 상식, 유용한 관련 단어를 챕터의 마지막 부분에 TIP으로 실었어요.

알아두면 유용한 생활영어

유용한 생활영어 표현을 따로 묶어 여행지에서 사용할 수 있도록 챕터를 구성했어요.

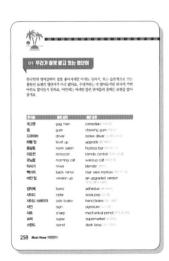

부록

우리가 잘 못 알고 쓰는 콩글리쉬 영단어를 해외여행과 관련된 것 위주로 알아봐요. 또한, 알고 보면 스펠링이나 발음의 차이가 상당이 많은 미국영어와 영국영어를 알아보는 코너를 구성했어요.

CONTENTS 목차

CHAPTER 01
출국·입국하기

여행 출발 전 짐을 다시 한 번 확인하고 늦지 않게 공항에 도착하세요. 간혹 출국 수속하는 사람이 너무 많으면 이른 시간에 도착해도 비행기를 놓치는 경우가 있어요. 이번 챕터에서는 기내에서 사용하는 표현, 입국심사와 세관 통과, 그리고 공항에서 사용되는 표현을 배워볼게요.

꿀팁 해외 지하철 정보

챕터 01 **음원 유튜브로 듣기**

요것만 알아도 출입국은 해요!

01-00-01

○ _____ 좀 해주실래요?
Could you _____, please?
쿠 쥬 _____ 플리즈?

내 가방 넣는 것을 도와주다
help me to put
my bag in
헬프 미 투 풋 마이 백 인

불을 끄다
turn off the light
턴 오프 더 라잇

의자를 앞으로 세우다
put your seat upright
풋츄어 씻 엎 롸잇

소리 내는 것을 멈추다
stop making that noise
스탑 메이킹 댓 노이즈

이것을 어떻게 사용하는지 알려주다
show me how to use it
쇼우 미 하루 투 유즈잇

이것을 치우다
take it away
테이킷 어웨이

01-00-02

○ _____ 좀 주시겠어요?
Can I have _____?
캔아이 해브 _____?

휴지
some napkins
썸 냅킨스

아스피린
an aspirin
언 아스피린

반창고
a band-aid
어 밴드-에이드

안대
an eye mask
언 아이 매스크

멀미 봉투
an airsickness bag
언 에어씨크니스 백

시내지도
a city map
어 씨리 맵

○ **＿＿＿＿＿＿ 좀 주시겠어요?**

Can I get **＿＿＿＿＿＿** ?

켄아이겟 ＿＿＿＿＿ ?

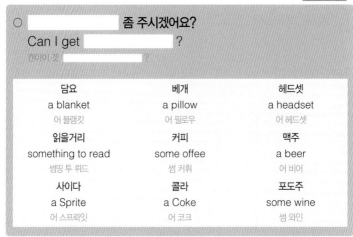

담요	베개	헤드셋
a blanket	a pillow	a headset
어 블랭킷	어 필로우	어 헤드셋
읽을거리	**커피**	**맥주**
something to read	some offee	a beer
썸띵 투 뤼드	썸 커휘	어 비어
사이다	**콜라**	**포도주**
a Sprite	a Coke	some wine
어 스프롸잇	어 코크	썸 와인

○ **＿＿＿＿＿＿ 이/가 어디 있죠?**

Where is **＿＿＿＿＿＿** ?

웨얼 이즈 ＿＿＿＿＿ ?

수하물 찾는 곳	지하철역	관광안내소
the baggage claim	the subway station	the tourist information center
더 배기쥐 클레임	더 썹웨이 스테이션	더 투어뤼스트 인포메이션 센터
13번 탑승구	**카트**	**택시 승강장**
Gate 13	a luggage trolley	a taxi stand
게잇 썰틴	어 러기쥐 트롤리	어 택시 스탠드
편의점	**환전소**	**약국**
a convenience store	the money exchange	a drugstore
어 컨비니언스 스토얼	더 머니 익스체인지	어 드럭 스토얼

01 기내에서

좌석을 찾는 데 도움이 필요하다면 승무원이나 다른 승객에게 물어보세요. 탑승한 비행기가 외국항공이라면 영어로 말해야 한다는 것 아시죠? 별로 어렵지 않아요. 자, 그럼 단어부터 시작합니다.

기내 필수 단어

01-01-01

일등석	[펄스트 클래스]	**first class**
이코노미석	[이코노미 클래스]	**economy class**
비즈니스석	[비즈니스 클래스]	**business class**
기장	[캡틴]	**captain**
승무원	[플라잇 어텐던트]	**flight attendant**
구명조끼	[라이프 재킷]	**life jacket**
담요	[블랭킷]	**blanket**
머리 위 짐칸	[오버헤드 컴팔트먼트]	**overhead compartment**
베게	[필로우]	**pillow**
비상구	[이멀전시 엑씻]	**emergency exit**
산소마스크	[악시즌 매스크]	**oxygen mask**
식사테이블	[트레이 테이블]	**tray table**
좌석벨트	[씻벨트]	**seat belt**
출입국카드	[랜딩카드]	**landing card**
통로	[아일]	**aisle**
화장실	[라뷔토리]	**lavatory**

 Dialogue

실제 상황에서 나눌 수 있는 대화문입니다. 대화문을 한 번 읽고, 원어민 발음의
음원을 듣고 큰 소리로 따라 해보세요.

01-01-02

A 내 자리 찾는 것 좀 도와주세요.

Could you help me to find my
seat, please?

쿠쥬 헬프 미 투 화인드 마이 씻 플리즈?

B 좌석번호가 몇 번이시죠?

What's your **seat number**.

왓츠 유어 씻 넘버?

A 13B 좌석이네요.

It's 13B.

잇츠 썰틴 비.

B 저쪽 창가 자리입니다.

It's **over there next to** the window.

잇츠 오버 데어 넥스 투 더 윈도우.

VOCA

seat 좌석   **seat number** 좌석번호   **over there** 저쪽에
next to ~의 옆에

🎙 표현 찾아 말하기

현재 처한 상황에 필요한 표현을 찾아 빨리 말하세요.

탑승·좌석 찾기

🔊 01-01-03

○ 제 좌석이 어디죠?

Where is my seat?
웨얼 이즈 마이 씻?

○ 여기 제 자리인 것 같아요.

I think this is my seat.
아이 띵크 디스 이스 마이 씻

○ 누가 제 자리에 앉아있어요.

Someone is in my seat.
썸원 이스 인 마이 씻

○ 탑승권을 보여주세요.

Let me see your boarding pass, please.
렛미 씨 유어 보딩 패스, 플리즈

○ 실례지만, 제 자리에 앉으신 것 같네요.

Excuse me. **I'm afraid** you are in my seat.
익스큐즈 미, 아임 어프뤠이드 유아 인 마이 씻

○ 저와 자리를 바꿔주실 수 있나요?

Could you change seats with me?
쿠쥬 체인지 씻츠 위드 미?

○ 미안하지만 아내와 함께 앉아 있어요.

Sorry, I'm with my wife.
쏘뤼 아임 위드 마이 와이프

○ 의자를 뒤로 젖혀도 될까요?

May I **recline** my seat?
매아이 뤼클라인 마이 씻?

VOCA

someone 누구   let me~ 제가 ~하게 해주세요
I'm afraid~ 유감이지만 ~이다   recline (의자 등받이가) 뒤로 넘어가다

기내식

○ 식사는 언제 하나요?

When do you serve a **meal**?
웬 두 유 써브 어 밀?

| **breakfast** 아침식사 **lunch** 점심식사 |
| **dinner** 저녁식사 **supper** 야식 |

○ 생선으로 하시겠어요, 아니면 닭고기로 하시겠어요?

Would you like **beef**, or **chicken**?
우 쥬 라이크 비프 오얼 치킨?

| **fish** 생선 **pork** 돼지고기 **rice** 밥 **noodle** 국수 |

○ 닭고기로 주세요.

Chicken, please.
치킨, 플리즈

○ 음료는 뭐로 하시겠어요?

What would you like to drink?
왓 우 쥬 라이크 투 드링크?

○ 콜라 한 잔 주세요.

A glass of coke, please.
어 글래스 오브 코크, 플리즈

○ 뭐 마실 것 좀 주실래요?

Can I have something to drink?
캔 아이 해브 썸띵 투 드링크?.

○ 사이다 있나요?

Do you have sprite?
두 유 해브 스프롸잇?

○ 고추장 있어요?

Do you have red pepper paste?
두 유 해브 뤠드 페퍼 페이스트?

VOCA

| **meal** 식사 **beef** 소고기 **chicken** 닭고기 |

기내 요청사항

01-01-05

○ 베개를 가져다주실래요?

Could you **bring** me a pillow, please?
쿠쥬 브링 미 어 필로우, 플리즈?

○ 이 이어폰이 안 돼요.

This earphone is not working.
디스 이어폰 이스 낫 월킹

○ 담요 좀 주시겠어요.

Can I get a **blanket**?
캔 아이 겟 어 블랭킷?

○ 이것 좀 치워주실래요?

Could you **take** this **away**?
쿠쥬 테익 디스 어웨이?

○ 뭐 읽을 것 좀 있나요?

Do you have something to read?
두 유 해브 썸띵 투 뤼드?

○ 펜 좀 빌릴 수 있을까요?

Can I borrow a pen?
캔 아이 보뤄우 어 펜?

○ 입국신고서 한 장 더 주시겠어요?

May I have another **entry card**?
매아이 해브 어나덜 엔트뤼 카드?

○ 이 서류를 어떻게 작성하죠?

How do I **fill in** this form?
하우 두 아이 퓔 인 디스 폼?

VOCA

bring 가져오다 **blanket** 담요 **take away** 치우다
entry card 입국신고서 **fill in** (서식을) 작성하다

○ 여기에는 뭘 써야 하나요?　　　What should I write here?
　　　　　　　　　　　　　　왓 슈드 아이 롸잇 히얼?

○ 이 전등 어떻게 켜요?　　　　　How can I **turn** the light **on**?
　　　　　　　　　　　　　　하우 캔아이 턴 더 라잇 온?

○ 화장실에 누가 있어요.　　　　The toilet is **occupied**.
　　　　　　　　　　　　　　더 토일렛 이스 오큐파이드.

> 비어있다면 **vacant**라고 말해요.

○ 변기 물을 어떻게 내려요?　　　How can I **flush** the toilet?
　　　　　　　　　　　　　　하우 캔 아이 플러쉬 더 토일렛?

○ 영화는 언제 시작해요?　　　　When do you show the movie?
　　　　　　　　　　　　　　웬 두 유 쑈우 더 무비?

○ 지금 내 노트북을 사용해도　　Can I use my laptop computer
　되나요?　　　　　　　　　　now?
　　　　　　　　　　　　　　캔 아이 유즈 마이 랩탑 컴퓨러 나우?

○ 얼마나 더 가야 하나요?　　　　How many more hours to go?
　　　　　　　　　　　　　　하우 매니 모얼 아월스 투 고?

○ 현지 시간이 몇 시죠?　　　　　What's the **local** time?
　　　　　　　　　　　　　　왓즈 더 로컬 타임?

VOCA

turn on ~을 켜다　**turn off** ~을 끄다　**occupied** 사용 중인
flush (변기의) 물을 내리다　**local** 지역의, 현지의

기내 면세품 구입

○ 면세품 구매할 때 저 좀 깨워 주세요.

Please wake me up for duty-free.
플리즈 웨이크 미 업 포 듀리-프리.

○ 언제 면세품을 살 수 있어요?

When can I buy **duty-free stuff**?
웬 캔 아이 바이 듀리-프리 스터프?

○ 기내면세품 좀 보여주세요.

Show me some tax-free goods.
쇼우 미 썸 택스-프리 굿즈.

○ 향수 한 병을 사고 싶어요.

I'd like to get a **bottle** of **perfume**.
아이드 라이크 투 겟 어 바를 오브 퍼퓸.

○ 캐나다에 양주 몇 병까지 가지고 들어갈 수 있어요?

How many bottles of whiskies can I take into Canada?
하우 매니 바를스 오브 위스키스 캐이 테이크 인투 캐나다?

○ 신용카드로 계산해도 돼요?

Do you take credit cards?
두 유 테이크 크뤠딧 칼즈?

○ 현금으로 내도 돼요?

Can I **pay** in cash?
캔아이 페이 인 캐쉬?

○ 둘 다 받습니다.

We **accept** both.
위 억셉트 보쓰.

VOCA

duty-free 면세의   **stuff** 물건, 용품, 소지품   **bottle** 병   **perfume** 향수
pay 지불하다   **accept** 받아들이다

기내에서 몸이 불편할 때

○ 몸이 안 좋아요.

I don't feel well.
아이 돈 필 웰

○ 너무 추워요.

It's **cold** in here.
잇츠 콜드 인 히어.

○ 너무 더워요.

It's so **hot**.
잇츠 쏘 핫

○ 어지러워요.

I feel **dizzy**.
아이 필 디지

○ 진통제 좀 주세요.

Can I get some **painkillers**?
캔 아이 겟 썸 패인킬러?

○ 멀미약 있어요?

Do you have anything for **air-sickness**?
두 유 해브 애니띵 포 에어-씩크니스?

sea-sickness 뱃멀미	**car-sickness** 차멀미

○ 토할 것 같아요.

I feel like **vomiting**.
아이 필 라이크 보미팅.

○ 두통이 너무 심해요.

I have a terrible **headache**.
아이 해브 어 테뤄블 헤드에익

backache 요통	**toothache** 치통

VOCA

cold 추운　**hot** 더운　**dizzy** 어지러운　**painkiller** 진통제
air-sickness 비행기 멀미　**vomiting** 구토　**headache** 두통

환승하기

01-01-08

○ 저는 환승해야 해요.
I'm a **transit** passenger.
아임 어 트렌짓 패씬저

○ 저는 비행기를 갈아타야 해요.
I have to take a **connecting flight.**
아이 해브 투 테이크 어 커넥팅 플라잇

○ 환승 수속 카운터가 어디죠?
Where is the transit counter?
웨얼 이즈 더 트렌짓 카운터?

○ 몇 번 게이트로 가야 하나요?
Which gate should I go to?
위치 게이트 슈드 아이 고 투?

○ 갈아타는 비행기를 놓쳤어요.
I **missed** my connecting flight.
아이 미스드 마이 커넥팅 플라잇

○ 제 비행편이 연착했어요.
My flight was **delayed**.
마이 플라잇 워즈 딜레이드

○ 다음 비행기는 언제인가요?
What time is the next flight?
왓 타임 이스 더 넥스트 플라잇?

○ 이 공항에 얼마나 오래 머무나요?
How long is the **layover**?
하우 롱 이스 더 레이오버?

> **How long~**은 '얼마나 오래~'로 묻는 질문에 쓰이는 표현이에요.

VOCA

transit 환승	**connecting flight** 연결 비행편	**miss** 놓치다
delay 지연되다	**layover** 일시 체류하다	

02 입국심사와 세관통과

비행기가 착륙하면 입국심사와 세관통과를 하죠? 보통 입국심사는 5분가량 소요되며 정해진 질문을 하고 끝나기 때문에 사전에 대답할 문장을 미리 연습해 두면 문제없이 통과할 수 있어요.

입국심사 필수 단어

01-02-01

목적	[펄포스]	**purpose**
관광	[싸잇씨잉]	**sightseeing**
출장	[비즈니스 트립]	**business trip**
방문	[비짓]	**visit**
친척	[렐러티브]	**relative**
주소	[어드뤠스]	**address**
입국심사	[이미그레이션]	**immigration**
벌금	[화인]	**fine**
검역	[쿼런틴]	**quarantine**
보안검색	[시큐리리 첵]	**security check**
세관신고서	[디클러뤠이션 카드]	**declaration card**
세관	[커스텀스]	**customs**
세금	[텍스]	**tax**
수하물보관증	[배기지 클래임 택]	**baggage claim tag**
압수	[씨저]	**seizure**
카트	[러기지 카트]	**luggage cart**

Dialogue

실제 상황에서 나눌 수 있는 대화문입니다. 대화문을 한 번 읽고, 원어민 발음의 음원을 듣고 큰 소리로 따라 해보세요.

🔊 01-02-02

A 방문 목적이 무엇인가요?

What's the **purpose** of your **visit**?

왓츠 더 퍼포즈 오브 유어 비짓?

B 관광입니다.

Sightseeing.

씨잇씨잉.

> **For business.** '사업차 방문입니다.', **For travelling.** '여행이 목적입니다.'

A 얼마나 머물 예정인가요?

How long will you be staying?

하우 롱 윌 유 비 스테잉?

B 약 2주일 머무를 거예요.

I'll stay about two weeks.

아일 스테이 어바웃 투 윅스

VOCA

purpose 목적   **visit** 방문

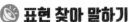

표현 찾아 말하기

현재 처한 상황에 필요한 표현을 찾아 빨리 말하세요.

입국심사

◯ 01-02-03

○ 여권이요.
Passport, please.
패스포트, 플리즈

○ 방문 목적은 무엇인가요?
What's the purpose of your visit?
왓츠 더 퍼포즈 오브 유어 비짓?

○ 어디서 오셨나요?
Where are you from?
웨얼 아 유 프롬?

○ 한국에서 왔어요.
I'm from Korea.
아임 프롬 코리아.

○ 처음 방문인가요?
Is this your **first** visit?
이즈 디스 유어 훨스트 비짓?

○ 두 번째 방문이에요.
This is my **second** trip.
디스 이스 마이 쎄컨드 트립.

○ 뉴욕에 얼마나 계실 건가요?
How long will you stay in New York?
하우 롱 윌 유 스테이 인 뉴욕?

○ 약 2주일간이요.
About two weeks.
어바웃 투 웍스

VOCA

first 첫째의 **second** 둘째의

○ 관광입니다. / 사업차 방문입니다.   For sightseeing. / For business.
포 싸잇씨잉. / 포 비즈니스

○ 우리 딸을 만나러 왔어요.   I'm here to visit my **daughter**.
아임 히어 투 비짓 마이 도러.

> **son** 아들   **sister** 누나, 언니, 여자형제
> **uncle** 삼촌, 아저씨   **aunt** 숙모, 이모, 고모
> **niece** 여자조카   **nephew** 남자조카   **cousin** 사촌

○ 어디에서 머물 예정인가요?   Where will you be staying?
웨어 윌 유 비 스테잉?

○ 아들 집에서요.   I will be staying at my son's **place**.
아이 윌 비 스테잉 앳 마이 선스 플레이스.

○ 주소를 아세요?   Do you know the **address**?
두 유 노우 디 어드뤠스?

○ 돈을 얼마나 소지하고 있나요?   How much money do you have with you?
하우 머취 머니 두 유 해브 위드 유?

○ 미화 약 1,000달러를 가지고 있어요.   I have about one thousand US dollars.
아이 해브 어바웃 원 따우전드 유에스 달러스.

○ 왕복항공권은 가지고 있나요?   Do you have a **round-trip** ticket?
두 유 해브 어 롸운드-트립 티킷?

VOCA

daughter 딸   **place** 장소, 개인의 집   **address** 주소
round-trip 왕복여행의

세관신고

○ 신고할 물건이 있나요?

Do you have anything to **declare**?
두 유 해브 애니띵 투 디클레어?

○ 신고서를 주세요.

Please **give** me the customs declaration form.
플리즈 김미 더 커스텀스 데클러레이션 폼.

○ 신고할 게 없어요.

I have nothing to declare.
아이 해브 낫띵 투 디클래어.

○ 소주 두 병이 있어요.

I have two bottles of soju.
아이 해브 투 바를스 오브 소주.

○ 영수증을 가지고 있나요?

Do you have a **receipt** for it?
두유 해브 어 뤼싯 포 잇?

○ 한국 음식이 좀 있어요.

I have some Korean food.
아이 해브 섬 코뤼언 푸드.

○ 가방 안을 좀 봐도 될까요?

Can I look in your bag?
캔아이 룩 인 유어 백?

○ 모두 진공포장 했어요.

It's all **vacuum-packed**.
잇츠 올 배큠-팩트.

VOCA

declare (세관, 세무서에서 과세품, 소득액을) 신고하다　**give** 주다
receipt 영수증　**vacuum-packed** 진공포장의

수하물 찾기

○ 수하물 찾는 곳이 어디죠?
Where's the baggage claim area?
웨얼즈 더 배기쥐 클레임 에어어?

○ 제 짐을 찾을 수가 없어요.
I can't find my luggage.
아이 캔트 파인드 마이 러기쥐.

○ 내 짐이 없어진 것 같아요.
I think my bag is missing.
아이 띵크 마이 백 이즈 미씽.

○ 비행편명이 뭐죠?
What's your flight number?
왓츠 유어 플라잇 넘버?

○ 가방이 어떻게 생겼죠?
How does it look like?
하우 더즈 잇 룩 라이크?

> **look like**는 '~처럼 보이다'라는 뜻이에요. '네 여동생은 어떻게 생겼어?'라고 물으려면 **How does your sister look like?**라고 해요.

○ 이름표가 붙은 파란색 여행 가방이에요.
It's a blue traveling bag with a name tag.
잇츠 어 블루 트레블링 백 위드 어 네임텍.

○ 수하물 보관증을 보여주시겠어요?
Can I see your baggage claim tag?
캔 아이 씨 유어 배기쥐 클레임 택?

○ 분실물 보관소가 어디에요?
Where is the lost and found office?
웨얼 이스 더 로스트 앤 화운드 오피스?

VOCA

luggage 짐, 수하물   **flight number** 비행편명
baggage claim tag 수하물보관증   **lost and found office** 분실물 보관소

03 공항에서

짐을 찾아 나왔어요. 이제 관광안내소를 찾거나 공항을 벗어나 행선지로 가야겠죠? 아직 환전을 하지 않았다면 공항에 있는 환전소에서 환전을 하고 교통편을 알아보세요.

공항에서 필수 단어

`01-03-01`

관광안내소	[투어리스트 인포메이션 센터]	**tourist information center**
환전소	[머니 익스체인지 카운터]	**money exchange counter**
렌터카사무소	[카 렌탈 카운터]	**car rental counter**
버스정류장	[버스 스탑]	**bus stop**
택시 승강장	[택시 스탠드]	**taxi stand**
목적지	[데스티네이션]	**destination**
대합실	[웨이링 라운지]	**waiting lounge**
현금인출기	[에이티엠]	**ATM** (Automatic Teller machine)
흡연구역	[스모킹 에뤼어]	**smoking area**
면세점	[듀리-프뤼샵]	**duty-free shop**
여행가방	[숫케이스]	**suitcase**
수하물	[러기지]	**luggage**
휴대용가방	[캐뤼-온 백]	**carry-on bag**
승객	[패신저]	**passenger**
연착	[딜레이]	**delay**
왕복항공권	[롸운드 티켓]	**return ticket**

 **Dialogue**

실제 상황에서 나눌 수 있는 대화문입니다. 대화문을 한 번 읽고, 원어민 발음의
음원을 듣고 큰 소리로 따라 해보세요.

01-03-02

(A) 실례합니다. 관광안내소가 어디 있나요?

Excuse me. Where can I find the
tourist information center?

악스큐즈 미. 웨어 캔아이 화인드 더 투어뤼스트 인포메이션 센터?

(B) 저쪽 버거킹 옆에 있어요.

It's over there **next to** the Burger King.

잇츠 오버 데얼 넥스 투 더 버거킹.

| **bookstore** 서점 | **kiosk** 매점 | **souvenir shop** 기념품 상점 |

(A) 거기서 시내 지도를 구할 수 있나요?

Can I get a city **map** there?

캔아이 겟어 씨티맵 데얼?

(B) 네, 물론이죠.

Of course you can.

오브 코올스 유 캔

(A) 감사합니다.

Thank you very much.

땡큐 베리 머취.

VOCA

| **next to** ~의 옆에 | **map** 지도 | **of course** 물론 |

🌀 표현 찾아 말하기

현재 처한 상황에 필요한 표현을 찾아 빨리 말하세요.

공항에서 쓰는 표현

`01-03-03`

○ 와이파이 쓸 수 있나요?

Can I use the WIFI?
캔아이 유스 더 와이파이?

> 와이파이를 **wireless Internet**(와이어리스 인터넷)이라고 표기한 곳도 있어요.

○ 인터넷을 사용할 수 있나요?

Can I use the Internet?
캔아이 유스 디 인터넷?

○ 현금인출기가 어디에 있나요?

Where is an **ATM**?
웨얼 이즈 언 에이티엠?

○ 흡연구역이 어디죠?

Where is the **smoking area**?
웨얼 이즈 더 스모킹 에뤼어?

○ 라이터 좀 빌릴 수 있나요?

Can I borrow your lighter?
캔 아이 보로우 유어 라이러?

○ 유심칩을 어디에서 사죠?

Where can I get a **SIM card**?
웨어 캔아이 겟 어 심카드?

○ 진통제 좀 주세요.

I need some **pain killer**.
아이 니드 썸 페인킬러.

○ 소화제 있나요?

Do you have pills for **indigestion**?
두 유 해브 필스 포 인디제스쳔?

VOCA

ATM 현금인출기   **smoking area** 흡연구역   **SIM card** 유심칩
pain killer 진통제   **indigestion** 소화불량

Chapter 1. 출국 · 입국하기   39

관광안내소에서

○ 관광안내소가 어디 있나요?

Where is the **tourist information center**?
웨얼 이즈 더 투어리스트 인포메이션 센터?

○ 한국어 지도 있나요?

Do you have a map in Korean?
두 유 해브어 맵 인 코리안?

○ 시내 지도 구할 수 있나요?

Can I get a city map?
캔아이 겟 어 씨리맵?

○ 관광 안내책자 한 개 구할 수 있나요?

Can I get a **tourist brochure?**
캔아이 겟 어 투어리스트 브로슈어?

○ 가장 가까운 호텔이 어디죠?

Where is the **nearest** hotel?
웨얼 이스 더 니어뤼스트 호텔?

○ 버스 시간표 한 장 주세요.

I'd like to get a **bus timetable.**
아이드 라익투 겟 어 버스 타임테이블.

○ 지하철 노선도 있나요?

Do you have a **subway route map**?
두 유 해브 어 써브웨이 루트맵?

> 미국에서는 지하철을 **subway**, 영국에서는 **underground**, 프랑스와 캐나다에서는 **metro**라고 해요.

○ 어디로 나가야 하죠?

Where do I go out?
웨얼 두 아이 고 아웃?

VOCA

tourist information center 관광안내소 **tourist brochure** 관광 안내책자
nearest 가장 가까운 **bus timetable** 버스 시간표
subway route map 지하철 노선도

환전하기

01-03-05

○ 환전하는 곳이 어디죠?

Where is the money exchange?
웨얼 이스 더 머니 익스체인지?

○ 환전하는 곳에 데려다 주시겠어요?

Could you take me to the money exchange.
쿠쥬 테이크 미 투 더 머니 익스체인지?

○ 환전하고 싶은데요.

I'd like to exchange money.
아이드 리익투 익스체인지 머니.

○ 오늘 환율이 어떻게 되나요?

What's the **exchange rate** today?
왓츠 디 익스체인쥐 퉤잇 투데이?

○ 돈을 달러로 바꾸고 싶어요.

I want to change some money to dollars.
아이 원투 체인지 썸 머니 투 달러스.

○ 이 신청서를 기재해주세요.

Please, fill out this **form**.
플리즈, 휠 아웃 디스 폼.

○ 잔돈으로 주세요.

Exchange in small bills.
익스체인지 인 스몰 빌스.

| **coin** 동전 | **bill** 지폐 | **check** 수표 |

VOCA

| **exchange rate** 환율 | **form** 유형, 양식 |

공항을 떠나기

01-03-06

○ 지하철역이 있나요?

Is there a **subway station**?

이즈 데얼 어 써브웨이 스테이션?

○ 버스/택시를 어디에서
타야 하나요?

Where do I take a bus/taxi?

웨어 두 아이 테이크 어 버스/택시?

○ 시내로 가는 공항버스 있나요?

Is there an airport bus to the city?

이즈 데얼 언 에어포트 버스 투 더 씨리?

○ 어디로 가시나요?

Where are you headed?

웨얼 아 유 헤디드?

○ 국립박물관으로 가요.

I'm **heading to** the National Museum.

아임 헤딩 투 더 네셔널 뮤지엄.

○ (버스가) 자주 다니나요?

Does it run **often**?

더즈 잇 런 오픈?

○ 시내까지 요금이 얼마죠?

How much is the **fare** to the city?

하우 머취 이즈 더 풰어 투 더 씨리?

○ 여기서 거리가 얼마나 돼요?

How far is it from here?

하우 파 이즈 잇 프롬 히어?

VOCA

subway station 지하철역　　**heading to** ~로 향하다　　**often** 자주
fare (교통) 요금

· 해외 지하철 정보

뉴욕 · Subway

뉴욕 지하철은 만들어진지 오래된 만큼 낙후되어 있어요. 또한, 열차 내에서 전화통화나 데이터 이용이 불가능하다는 것도 알아두세요. 맨해튼을 중심으로 위쪽은 '업타운', 아래쪽은 '다운타운'행 열차이고, 탑승권은 1회권과 충전식 카드가 있어요. 충전식 카드는 나중에 돌려주지 않는 발급 수수료 1$를 추가로 내야 해요. 여행자라면 며칠 사용이 가능한 정액권 구입이 편리해요.

런던 · Tube/Underground

영국에서는 지하철을 Tube나 Underground라고 불러요. 지하철이지만 절반 이상이 지상에서 운행되죠. 한국 티머니와 같은 '오이스터 카드'를 구매하면 버스와 지하철을 모두 이용할 수 있고, 오전 9시 30분부터 오후 4시 30분 사이에 대중교통은 가격이 더 저렴해요. 요금은 거리에 따라 Zone으로 구분하는데, 유명 관광지는 대부분 1~2 Zone 안에 있기 때문에 1~2 Zone 티켓도 충분해요.

시드니 · City Rail

시드니의 지하철은 공항에서 시내로 오는 노선만 지하에서 운행하고 나머지는 전 구간 지상에서 운행해요. 호주의 다른 지역도 거의 마찬가지죠. 티켓은 왕복 티켓이 다음날 오전 4시까지 유효하고, 거리에 따라 영국과 마찬가지로 Zone으로 구분하여 가격이 달라져요. 그밖에 시티레일, 페리, 버스를 하루 동안 마음대로 이용할 수 있는 Multi 1 Day 티켓도 있으니 여행 계획을 고려하여 구매하세요.

CHAPTER 02
교통수단 이용 · 길 찾기

이곳저곳 다니려면 그 나라 대중교통 이용방법과 관련 표현을 알아두어야 해요. 대부분 영미권 국가는 대중교통이 잘 발달되어 있으니 관련 표현을 알아두면 큰 어려움은 없어요. 이번에는 버스, 택시, 지하철, 기차, 렌터카, 길 찾기에 필요한 표현을 알아볼게요.

챕터 02 음원 유튜브로 듣기

`02-00-01`

○ **⬚⬚⬚⬚⬚이/가 어디 있어요?**
Where is ⬚⬚⬚⬚⬚ ?
웨얼 이즈 ⬚⬚⬚⬚⬚ ?

버스정류장	지하철역	기차역
a bus stop	the subway station	the train station
어 버스 스탑	더 써브웨이 스테이션	더 트레인 스테이션
매표소	승강장	택시 승차장
the ticket window	the platform	a taxi stand
더 티킷 윈도우	더 플랫폼	어 택시 스탠드

`02-00-02`

○ **⬚⬚⬚⬚⬚가 언제 출발/도착하나요?**
What time does the ⬚⬚⬚⬚⬚ leave/arrive?
왓 타임 더즈 더 ⬚⬚⬚⬚⬚ 리브/얼롸이브?

버스	셔틀버스	지하철
bus	shuttle bus	subway
버스	셔틀버스	썹웨이
기차	특급열차	비행기
train	express train	plane
트레인	익스프레스 트레인	플레인
페리	배	막차
ferry	boat	last bus
훼뤼	보웃	래스트 버스

○ **⬚⬚⬚⬚⬚⬚으로 가주세요.**

Take me to ⬚⬚⬚⬚⬚⬚, please.

테이크 미 투 ⬚⬚⬚⬚⬚ 플리즈

이 주소	힐튼호텔	박물관
this address	the Hilton Hotel	the museum
디스 어드뤠스	더 힐튼 호텔	더 뮤지움
기차역	**공항**	**시청**
the train station	the airport	the City Hall
더 트뤠인 스테이션	디 에어포트	더 씨리홀

○ **⬚⬚⬚⬚⬚⬚에서 우회전/좌회전 해주세요.**

Turn right/left at the ⬚⬚⬚⬚⬚⬚, please.

턴 롸잇/레프트 앳 더 ⬚⬚⬚⬚⬚ 플리즈

신호등	버스정류장	모퉁이
traffic light	bus stop	corner
트뤠픽 라잇	버스 스탑	코너
교차로	**횡단보도**	**은행**
intersection	crosswalk	bank
인터섹션	크뤄스워크	뱅크

01 버스 이용하기

영미권 국가의 버스는 잘 발달되어 이곳저곳을 다니기에는 좋지만, 택시나 렌터카에 비하면 편안함이 떨어져요. 택시는 너무 비싸기 때문에 가능하면 렌터카를 추천하지만, 가까운 시내 관광은 버스를 이용하세요.

버스 이용 필수 단어

02-01-01

2층버스	[더블-데커 버스]	**double-decker bus**
관광버스	[투어버스]	**tour bus**
도착시간	[어라이벌 타임]	**arrival time**
버스기사	[버스 드라이버]	**bus driver**
버스노선도	[버스 루트맵]	**bus route map**
버스요금	[버스 훼어]	**bus fare**
버스전용차선	[버스 레인]	**bus lane**
버스정류장	[버스 스탑]	**bus stop**
버스터미널	[버스 스테이션]	**bus station**
시내버스	[씨리 버스]	**city bus**
장거리버스	[롱디스턴스 버스]	**long distance bus**
직행	[다이렉트]	**direct**
출발시간	[디파처 타임]	**departure time**
휴게소	[레스트 스탑]	**rest stop**

 Dialogue

실제 상황에서 나눌 수 있는 대화문입니다. 대화문을 한 번 읽고, 원어민 발음의
음원을 듣고 큰 소리로 따라 해보세요.

A 이 버스가 수비아코 시장에 가나요?

Does this bus go to the Subiaco Market?
더즈 디스 버스 고 투 더 수비아코 마켓?

B 길 건너서 9711번을 타세요.

Take 9711 **across** the street.
테이크 나인세븐 원원 어크로스 더 스트릿

A 요금이 얼마죠?

How much is the fare?
하우 머취 이스 더 풰어?

> '요금, 가격'을 뜻하는 단어는 여러 가지가 있는데 쓰임새가 각각 달라요.
> **cost** (여행, 생산 등에 드는) 경비 / **fare** (배, 기차, 버스 등의) 요금 / **rate**
> (우편, 전화, 수도 등의) 요금 / **fee** (의사, 변호사 등) 전문직 보수, 입장료 /
> **charge** (서비스나 노력의 대가로 치르는) 요금 / **price** (물건의) 가격 / **fine**
> (위반, 체납 등의) 벌금

B 어른은 2달러예요.

$2 for an **adult**.
투 딜러스 포 언 애덜트

VOCA

across 건너서   **adult** 성인, 어른

🌀 표현 찾아 말하기

현재 처한 상황에 필요한 표현을 찾아 빨리 말하세요.

버스 이용하기

○ 가장 가까운 버스정류장이 어디인가요?

Where is the **nearest** bus stop?
웨얼 이즈 더 니어뤼스트 버스 스탑?

○ 이 버스 킹스파크로 가나요?

Does this bus go to the King's Park?
더즈 디스 버스 고 투 더 킹스파크?

○ 이 버스가 헤이스트리트로 가는 거 맞아요?

Is this the right bus for Hay Street?
이스 디스 더 롸잇 버스 포 헤이스트륏?

○ 국립미술관 가는 버스정류장이 어디인가요?

Where's the bus stop for the **National Art Museum**?
웨얼즈 더 버스 스탑 포 더 내셔널 아트 뮤지엄?

○ 어디서 버스표를 사나요?

Where can I buy a bus ticket?
웨어 캔아이 바이 어 버스 티킷?

○ 요금이 얼마죠?

How much is the fare?
하우 머취 이스 더 풰어?

○ 그 버스가 얼마나 자주 와요?

How often does the bus come?
하우 오픈 더즈 더 버스 컴?

○ 다음 버스는 언제 오나요?

When's the **next** bus?
웬즈 더 넥스트 버스?

VOCA

nearest 가장 가까운　**national** 국가의　**art museum** 미술관
how often 얼마나 자주~　**next** 다음

○ 그 버스는 매 10분마다 와요.

The buses come every 10 minutes.
더 버시즈 컴 에브리 텐 미닛츠.

○ 첫차/막차가 몇 시인가요?

What time is the fisrt/last bus?
왓타임 이스 더 훨스트/래스트 버스?

○ 당신 버스를 잘못 탔어요.

You took the **wrong** bus.
유 툭 더 롱 버스.

○ 갈아타야 하나요?

Do I **have to transfer**?
두 아이 해브 투 트렌스퍼?

○ 어떤 버스로 갈아타야 하죠?

Which bus should I transfer to?
위치 버스 슈드 아이 트렌스퍼 투?

○ 도착하면 좀 알려주세요.

Please, let me know when we get there.
플리즈, 렛미 노우 웬 위 겟 데얼.

○ 어디서 내려야 하는지 알려주세요.

Please tell me where to **get off**.
플리즈 텔미 웨어 투 겟오프.

○ 창문 열어도/닫아도 될까요?

Do you mind if I open/close the window?
두유 마인드 이프 아이 오픈/클로즈 더 윈도우?

> **do you mind~?**라고 물으면 '~을 꺼리시나요?'(~해도 될까요?)'라는 뜻이에요.

VOCA

wrong 잘못된 **have to** ~해야 한다 **transfer** 환승하다
get off (교통수단에서) 내리다

02 택시 이용하기

해외여행지에서 택시는 버스나 지하철에 비해 가격이 비싸고 별도로 팁을 내야 하는 경우가 많아서 추천할 만한 교통수단은 아니지만, 시간이 없거나 대중교통을 이용할 수 없는 상황이라면 다양한 표현을 알아두어야 하겠죠?

택시 이용 필수 단어

02-02-01

택시승강장	[택시 스탠드]	**taxi stand**
주소	[어드뤠스]	**address**
더 빨리	[풰스터]	**faster**
창문	[윈도우]	**window**
돌아가다	[디투어]	**detour**
러쉬아워	[러쉬아워]	**rush hour**
교통체증	[트뤠픽잼]	**traffic jam**
신용카드	[크뤠딧카드]	**credit card**
할인	[디스카운트]	**discount**
기본요금	[베이식뤠잇]	**basic rate**
미터기	[풰어 미터]	**fare meter**
할증요금	[엑스트라 촤지]	**extra charge**
거스름돈	[체인지]	**change**
세우다	[풀오버]	**pull over**
내리다	[겟 오프]	**get off**
영수증	[뤼씻]	**receipt**

 **Dialogue**

실제 상황에서 나눌 수 있는 대화문입니다. 대화문을 한 번 읽고, 원어민 발음의 음원을 듣고 큰 소리로 따라 해보세요.

(02-02-02)

A 어디로 가시나요?

Where are you heading?

웨얼 아 유 헤딩?

B 시청이요

To the City Hall, please.

투 더 씨리 홀, 플리즈

(잠시 후)

A 다 왔습니다. 13달러입니다.

Here we are. It's 13 dollars.

히얼 위 알. 잇츠 썰틴 달러스.

B 감사합니다. 여기 있어요. 잔돈은 가지세요.

Thank you. Here you go. **Keep the change**.

땡큐. 히얼 유 고. 킵더 췌인쥐.

VOCA

Keep the change. 잔돈은 가지세요

📀 표현 찾아 말하기

현재 처한 상황에 필요한 표현을 찾아 빨리 말하세요.

택시 부르기

02-02-03

○ 택시 한 대 보내주시겠어요?
Could you call a **cab**, please?
쿠쥬 콜 어 캡, 플리즈?

○ 계신 곳이 어디죠?
Where are you at?
웨얼 아 유 앳?

○ 시내 유로호텔에 있어요.
I'm at the Euro Hotel in the city.
아임 앳 더 유로호텔 인 더 씨리.

○ 성함과 전화번호를 말씀해주세요.
Tell me your name and phone number.
텔미 유어 네임 앤 폰 넘버.

○ 택시 승강장이 어디죠?
Where is the taxi stand?
웨얼 이스 더 택시 스탠드?

○ 이 호텔 바로 앞에 있어요.
It's just **in front of** this hotel.
잇츠 저스트 인프론트 오브 디스 호텔.

○ 공항으로 가주세요. 서둘러주세요.
I'm going to the airport. Please **hurry**.
아임 고잉 투 디 에어포트, 플리즈 허뤼.

VOCA

| cab 택시 | in front of ~의 앞에 | hurry 서두르다 |

54 Must Have 여행영어

택시가 온 후

○ 트렁크 좀 열어주세요.

Open the **trunk**, please.
오픈 더 트렁크, 플리즈

○ 어디로 모실까요?

Where can I take you?
웨어 캔아이 테이크 유?

○ 이 주소로 가주세요.

Take me to this address, please.
테이크 미 투 디스 어드레스, 플리즈

○ 얼마나 걸릴까요?

How long will it take?
하우 롱 윌 잇 테이크?

○ 제가 좀 급해요.

I'm in a **hurry**.
아임 인 어 허뤼

○ 속도 좀 줄여주세요.

Slow down, please.
슬로우 다운, 플리즈

○ 돌아가지 마세요.

Don't take the long way.
돈 테익 더 롱 웨이

○ 저 여기 처음 아니라고요!

I'm not new here!
아임 낫 뉴 히얼!

그 장소에 처음 와본 것이라면 **I'm new here.**(아임 뉴 히얼)이라고 말해요.

VOCA

trunk 트렁크, 짐칸   **hurry** 서두름, 급함   **slow down** 속도를 줄이다

○ 시청까지 지름길로 가주세요.

Take the **shortcut** to City Hall.
테이크 더 숏컷 투 씨리홀.

○ 가장 빠른 길로 가주세요.

Please, take the **shortest** way.
플리즈, 테이크 더 쑈리스트 웨이.

○ 안이 너무 더워요/추워요.

It's too hot/cold in here.
잇츠 투 핫/콜드 인 히얼.

○ 창문 좀 열어주세요.

Open the window, please.
오픈 더 윈도우, 플리즈.

○ 에어컨 좀 틀어주세요.

Turn on the air-conditioning, please.
턴 온 디 에어-컨디셔닝, 플리즈.

○ 교차로에서 우회전해주세요.

Turn right at the **intersection**.
턴 롸잇 앳 디 인터섹션.

○ 여기서 세워주세요.

Pull over here.
풀 오버 히얼.

VOCA

shortcut 지름길 **shortest** 가장 짧은 **intersection** 교차로
pull over 차를 갓길에 대다

요금 계산

○ 다 왔습니다.

Here we are.
히어 위 아.

○ 여기서 기다려 주세요.

Wait for me here, please.
웨잇 포 미 히어, 플리즈.

○ 얼마죠?

How much is the fare?
하우 머취 이스 더 훼어?

○ 잔돈 있으세요?

Do you have some **change**?
두 유 해브 썸 체인지?

○ 잔돈이 없는데요.

I don't have any change.
아이 돈 해브 애니 체인쥐.

○ 잔돈은 가지세요.

Keep the change.
킵 더 체인쥐.

○ 영수증 좀 주시겠어요?

Can I have a **receipt**?
캔 아이 해브 어 뤼씻?

○ 요금이 너무 많이 나왔어요!

You are **overcharging** me!
유 아 오버촤징 미!

VOCA

wait 기다리다   **change** 잔돈, 거스름돈   **receipt** 영수증
overcharging 바가지 씌우다

지하철을 미국에서는 Subway, 영국에서는 Underground나 Tube, 프랑스와 캐나다에서는 Metro라고 불러요. 그리고 호주에는 지하가 아닌 지상으로 다니는 전철(Train)이 있어요. 국토가 넓은 나라는 기차 횡단여행을 하기도 좋으니 관련 표현을 잘 알아두세요.

지하철 · 기차 이용 필수 단어

02-03-01

1일 승차권	[원-데이 패쓰]	one-day pass
급행열차	[익스프레스 트레인]	express train
노선	[레인]	lane
지하철노선표	[써브웨이맵]	subway map
첫차	[퍼스트 트레인]	first train
막차	[라스트 트레인]	last train
시간표	[타임테이블]	timetable
식당차	[다이닝카]	dining car
침대차	[슬립핑카]	sleeping car
왕복	[롸운드 트립]	round trip
편도	[원웨이]	one way
차장	[컨덕터]	conductor
역	[스테이션]	station
선로	[레일로드]	railroad
플랫폼	[플랫훠옴]	platform
자판기	[벤딩머쉰]	vending machine

 **Dialogue**

실제 상황에서 나눌 수 있는 대화문입니다. 대화문을 한 번 읽고, 원어민 발음의 음원을 듣고 큰 소리로 따라 해보세요.

02-03-02

A 센트럴파크 역까지 몇 정거장 남았나요?

How many stops until Central Park Station?

하우 매니 스탑스 언틸 센트럴파크 스테이션?

B 두 정거장 더 가야 해요.

You need to go two **more** stops.

유 니드 투 고 투 모얼 스탑스

A 내려야 할 때 알려주시겠어요?

Could you tell me when I have to **get off**, please?

쿠쥬 텔미 웬 아이 해브투 겟오프, 플리즈?

B 네, 알겠어요.

Sure. I'll let you know.

슈얼. 아일 렛 유 노우.

VOCA

more 더 (많이)   **get off** (운송수단에서) 내리다

📖 표현 찾아 말하기

현재 처한 상황에 필요한 표현을 찾아 빨리 말하세요.

지하철 이용하기

02-03-03

○ 가까운 곳에 전철역이 있나요?

Is there a subway station **near** here?
이스 데얼 어 써브웨이 스테이션 니어 히얼?

○ 지하철 노선도를 구할 수 있을까요?

Can I get a subway map, please?
캔 아이 겟 어 써브웨이 맵, 플리즈?

○ 매표소가 어디죠?

Where is the **ticket office**?
웨얼 이스 더 티킷 오피스?

○ 1일 패스를 사고 싶어요.

I'd like to buy a one-day pass.
아이드 라익 투 바이 어 원데이 패스.

○ 몇 호선을 타야 하나요?

Which line should I take?
위치 라인 슈드 아이 테이크?

○ 국립미술관은 오렌지 라인을 타세요.

Take the orange line to the National Art Gallery.
테이크 디 오린쥐 라인 투 더 내셔널 아트 갤러뤼.

VOCA

near 가까운   **ticket office** 매표소

○ 블루 라인을 어디서 타나요?

Where should I take the Blue Line?

웨어 슈드 아이 테이크 더 블루 라인?

○ 어느 역에서 내리면 되죠?

Which stop should I **get off** at?

위치 스탑 슈드아이 겟오프 앳?

○ 저 여기서 내려요?

Do I get off here?

두 아이 겟 오프 히얼?

○ 다음 역에서 내리세요.

Get off at the next station.

겟 오프 앳 더 넥스트 스테이션

○ 어떤 라인으로 갈아타야 하나요?

Which line do I **transfer to**?

위치 라인 두 아이 트렌스퍼 투?

○ 미드랜드 역에서 레드 라인으로 갈아타세요.

Transfer to the Red Line at the Midland station.

트렌스퍼 투 더 레드 라인 앳 더 미들랜드 스테이션

○ 다음 역은 센트럴 파크 역입니다.

Next stop is Central Park.

넥스트 스탑 이스 센트럴 파크

○ 내리실 문은 오른쪽/왼쪽입니다.

The doors are on your right/left.

더 도얼스 아 온 유어 롸잇/레프트

VOCA

get off (버스, 택시, 기차 등에서) 내리다   **transfer to** ~로 갈아타다

기차 이용하기

02-03-04

○ 기차역이 어디죠?

Where is the train station?
웨얼 이스 더 트뤠인 스테이션?

○ 남은 자리 있어요?

Are there any seats **available**?
아 데얼 애니 씻츠 어베일러블?

○ 다음 열차가 몇 시에 떠나요?

What time does the next train leave?
왓 타임 더즈 더 넥스트 트뤠인 리브?

○ 직행 열차인가요?

Is this train **direct**?
이즈 디스 트뤠인 디렉트?

○ 사우스 퍼스 행 편도 한 장 주세요.

A **one-way** ticket to South Perth, please.
어 원웨이 티켓 투 사우스 퍼쓰, 플리즈.

○ 성인 두 명과 아이 한 명이요.

Two **adults** and a **child**, please.
투 애덜츠 앤 어 차일드, 플리즈.

○ 왕복요금은 얼마죠?

How much for the **round trip** ticket?
하우 머취 포 더 롸운드 트립 티캣?

VOCA

available 이용 가능한   **direct** 직행의   **one-way** 편도   **adult** 성인, 어른
child 어린이   **round trip** 왕복

○ 도착 시간이 몇 시인가요?

What's the **arrival** time?
왓츠 디 얼라이벌 타임?

○ 식당칸이 있나요?

Is there a **dining**-car?
이스 데얼 어 다이닝-카?

○ 여기 이미 누가 앉았나요?

Is this seat already taken?
이스 디스 씻 얼레디 테이큰?

○ 여기 자리 있나요?

Is anyone sitting here?
이즈 애니원 씨링 히얼?

○ 실례지만, 제 자리에 앉아계 신 것 같네요.

Excuse me. I think you are sitting in my seat.
익스큐즈 미, 아이 띵크 유 아 씨링 인 마이 씻

○ 우리가 지금 어디쯤이죠?

Where are we now?
웨얼 아 위 나우?

○ 아직 다 안 왔어요?

Are we there **yet**?
아 위 데얼 옛?

○ 얼마 동안 정차하나요?

How long is the **layover**?
하우 롱 이즈 더 레이오버?

VOCA

arrival 도착　**dining** 식사, 정찬　**yet** 아직　**layover** 도중하차, 경유

04 렌터카 이용하기

땅이 넓은 나라는 렌터카로 여행하는 게 좋아요. 특히 여러 도시를 이동할 계획이라면 렌터카 이용을 추천하는데, 관광산업이 발달하고 렌터카의 수요가 많기 때문에 저렴한 비용으로 자동차를 빌릴 수 있어요.

렌터카 이용 필수 단어

02-04-01

대여기간	[렌탈 피뤼어드]	**rental period**
대여요금	[렌탈피]	**rental fee**
경차	[미니-컴팩트]	**mini-compact**
소형	[컴팩트]	**compact**
중형	[미드-사이즈]	**mid-size**
대형	[풀-사이즈]	**full-size**
승합차	[벤]	**van**
자동차보험	[오토 인슈어런스]	**auto insurance**
보증금	[디파짓]	**deposit**
고장	[브뤠익-다운]	**break-down**
타이어 펑크	[플랫 타이어]	**flat tire**
견인	[토우잉]	**towing**
주차금지	[노파킹]	**No Parking**
주차요금	[파킹피]	**parking fee**
주차장	[파킹랏]	**parking lot**
주행거리	[마일리지]	**mileage**

 Dialogue

실제 상황에서 나눌 수 있는 대화문입니다. 대화문을 한 번 읽고, 원어민 발음의
음원을 듣고 큰 소리로 따라 해보세요.

02-04-02

A 자동차를 렌트하고 싶어요.

I'd like to rent a car.
아이드 라이크 투 렌트 어 카

B 어떤 차를 원하세요?

What kind of car are you looking for?
왓 카인드 오브 카 아 유 룩킹 포?

A 중형차가 필요해요.

I need a mid-size car.
아이 니드 어 미드-사이즈 카

> **mini-compact** 경차 / **compact** 소형 / **mid-size** 중형 / **full-size car**
> 대형 자동차

B 한 대 남았어요. 운전면허증 주세요.

There is one left. Driver's license, please.
데얼 이스 원 레프트 드라이버스 라이센스 플리즈

A 여기요.

Here you are.
히얼 유 아

VOCA

what kind of 어떤 종류의 **looking for** ~을 찾다
driver's license 운전면허증

🌀 표현 찾아 말하기

현재 처한 상황에 필요한 표현을 찾아 빨리 말하세요.

자동차 렌트하기

● 02-04-03

○ 박수연이라는 이름으로 예약 했어요.

I have a reservation **under the name of** Su-Yun Park.
아이 해브 어 뤠저베이션 언더 더 네임 오브 수연팍.

○ 카탈로그를 보여주시겠어요?

Can I see your catalog?
캔 아이 씨 유어 카탈로그?

○ 어떤 종류의 차를 원하세요?

What kind of car would you like?
왓 카인드 오브 카 우 쥬 라이크?

○ 경차를 원해요.

I'd like a mini-compact car.
아이드 라이크 어 미니-컴팩트 카.

○ 이게 저의 국제운전면허증입 니다.

It's my **international driver's license**.
잇츠 마이 인터네셔널 드라이버스 라이센스

○ 크루즈 컨트롤 기능 있나요?

Does it have cruise control?
더즈 잇 해브 크루즈 컨트롤?

○ 블루투스 오디오가 있나요?

Does it have Bluetooth audio system?
더즈 잇 해브 블루투스 오디오 시스템?

VOCA

under the name of~ ~라는 이름으로
international driver's license 국제운전면허증

비용 · 보험 확인하기

○ 하루에 얼마인가요?

How much does it **cost per** day?
하우 머취 더즈 잇 코스트 퍼 데이?

○ 하루에 45달러입니다.

It's $45 per day.
잇츠 포리화이브 달러스 퍼 데이.

○ 너무 비싸요.

That's too **expensive**.
댓츠 투 익스펜시브.

○ 얼마 동안 필요하세요?

How long will you need it?
하우 롱 윌 유 니드 잇?

○ 7일 동안 필요해요.

I need it for seven days.
아이 니드 잇 포 쎄븐 데이즈.

○ 보험료와 세금 별도로 일주일에 200달러입니다.

$200 for a week plus **insurance** and **taxes**.
투 헌드레드 달러스 포 러 윅 플러스 인슈어런스 앤 택시스.

○ 보증금이 필요한가요?

Do I need a **deposit**?
두 아이 니드 어 디파짓?

○ 할인해주실 수 있나요?

Can I get a **discount**?
캔 아이 겟 어 디스카운트?

VOCA

cost 비용이 들다 **per** ~당 **expensive** 비싼 **insurance** 보험
tax 세금 **deposit** 보증금 **discount** 할인

○ 차를 반납하기 전에 기름을 채워야 하나요?

Do I have to **fill up** the gas before I return it?

두 아이 해브 투 휠 업 더 개스 비포어 아이 뤼턴 잇?

○ 보험료는 얼마인가요?

How much is the insurance?

하우 머취 이스 디 인슈어런스?

○ 어떤 보험으로 하시겠어요?

What kind of insurance would you like?

왓 카인드 오브 인슈어런스 우 쥬 라이크?

○ 책임보험은 의무적으로 가입해야 합니다.

Liability insurance is **mandatory**.

라이어빌리리 인슈어런스 이스 맨데토뤼.

○ 종합보험으로 해주세요.

Full coverage, please.

풀 커버뤼지, 플리즈

○ 최소 보장보험으로 할게요.

I'll take the **minimum** insurance coverage.

아일 테이크 더 미니멈 인슈어런스 커버뤼지

○ 사고가 나면 어떻게 해야 하나요?

What should I do if I get in a **car accident**?

왓 슈드 아이 두 이프 아이 겟 인 어 카 액시던트?

VOCA

fill up ~을 가득 채우다   **liability insurance** 책임보험
mandatory 의무적인   **full coverage** 종합보험   **minimum** 최소한의
car accident 교통사고

운전하기와 문제 해결

○ 내비게이션 사용법을 알려주세요.

Tell me how to use this GPS system.
텔미 하우 투 유즈 디스 쥐피에스 시스템.

○ 가장 가까운 주유소가 어디 있나요?

Where is the nearest gas station?
웨얼 이스 더 니어뤼스트 개스 스테이션?

○ 기름이 바닥났어요.

I've **run out of** gas.
아이브 런 아웃 오브 개스.

○ 가득 채워주세요.

Please fill it up.
플리즈 필 잇 업.

○ 휘발유인가요, 경유인가요?

Would you like **gasoline** or **diesel**?
우쥬 라이크 개솔린 오얼 디젤?

○ 40리터 넣어주세요.

I'd like 40 liters, please.
아이드 라이크 포리 리터스, 플리즈.

○ 타이어 공기압을 좀 확인해주세요.

Check the **tire pressure**, please.
첵 더 타이어 프레셔, 플리즈

VOCA

run out of ~가 다 떨어지다　　**gasoline** 휘발유　　**diesel** 경유
tire pressure 타이어 공기압

○ 차 시동이 안걸려요.

My car won't start.
마이 카 원 스탈트.

○ 배터리가 나갔어요.

The battery is **dead**.
더 배터뤼 이스 대드.

○ 차가 고장 났어요.

My car **broke down**.
마이 카 브로크 다운.

○ 타이어에 펑크가 났어요.

I've got a **flat tire**.
아이브 갓 어 플랫 타이얼.

○ 이상한 소리가 나요.

There is a **strange noise**.
데얼 이스 어 스트뤠인지 노이즈.

○ 견인차가 필요해요.

I need a **tow truck**.
아이 니드 어 토우 트럭.

○ 여기 주차해도 되나요?

Can I **park** here?
캔아이 파크 히얼?

VOCA

dead 죽은   **break down** 고장 나다   **flat tire** 바람 빠진 타이어
strange 이상한   **noise** 소음   **tow truck** 견인차   **park** 주차하다

05 길 묻기와 길 찾기

여행안내서와 구글맵, 지도를 보고도 길을 찾기 어렵다면 누군가에게 물어봐야 겠죠? 지금부터 모르는 길을 묻고 아는 길을 가르쳐주는 데 필요한 표현을 알아 볼게요.

길 찾기 필수 단어

02-05-01

도로표지판	[스트릿 싸인]	**street sign**
지하도	[언더패쓰]	**underpass**
차도	[드라이브웨이]	**driveway**
횡단보도	[크로스워크]	**crosswalk**
인도	[싸이드워크]	**sidewalk**
육교	[오버패쓰]	**overpass**
방향	[디렉션]	**direction**
앞	[프론트]	**front**
뒤	[백]	**back**
반대쪽	[디 아더 웨이]	**the other way**
맞은편에	[어크로스 프롬]	**across from**
옆에	[넥스 투]	**next to**
이쪽	[디스 웨이]	**this way**
저쪽	[댓 웨이]	**that way**
모퉁이	[코너]	**corner**
교차로	[크로스로드]	**crossroad**

교통수단·길찾기

🌀 Dialogue

실제 상황에서 나눌 수 있는 대화문입니다. 대화문을 한 번 읽고, 원어민 발음의 음원을 듣고 큰 소리로 따라 해보세요.

02-05-02

A 실례합니다. 길 좀 알려주시겠어요?
Excuse me. Could you give me **directions?**
익스큐즈 미 쿠 쥬 기브 미 다이렉션스?

B 물론이죠.
Of course.
오브 코올스

A 시청에 가려고 하는데요.
I want to go to City Hall.
아이 원 투 고 투 더 씨리홀

B 다음 사거리까지 직진해서 왼쪽으로 가세요.
Go straight to the next **crossroad** and **turn left**.
고 스트레잇 투 더 넥스트 크로스로드 앤 턴 레프트

A 도와주셔서 감사합니다.
Thank you for your help.
땡큐 포 유어 헬프

VOCA

direction 방향   **crossroad** 사거리   **turn left** 좌회전하다

길 묻고 답하기

02-05-03

○ 길을 잃었는데 도와주세요.
I'm lost and I need your help.
아임 로스트 앤 아이 니드 유어 헬프

○ 수비아코시장으로 가는 길을 알려주실 수 있나요?
Could you show me the way to the Subiaco market?
쿠쥬 쇼우 미 더 웨이 투 더 수비아코마켓?

○ 이게 이스트타워로 가는 길 맞나요?
Is this the road to the East Tower?
이즈 디스 더 로드 투 더 이스트 타워?

○ 이 길의 이름이 뭐죠?
What's the name of this street?
왓츠 더 네임 오브 디스 스트릿?

○ 이미 지나왔어요.
You've come too **far**.
유브 컴 투 파

○ 여기서 거기까지 걸어갈 수 있나요?
Can I walk there from here?
캔 아이 워크 데얼 프롬 히어?

○ 얼마나 걸리나요?
How long does it take?
하우롱 더즈잇 테이크?

○ 얼마나 멀어요?
How far is it?
하우 파 이즈 잇?

VOCA

lost 길을 잃은   **far** (거리가) 먼

○ 미안해요, 나도 여기 사람이 아니에요.

Sorry, I'm not from here myself.

쏘뤼, 아임 낫 프롬 히얼 마이셀프.

○ 가장 가까운 지하철역이 어디 있나요?

Where is the **nearest** subway station?

웨얼 이스 더 니어뤼스트 써브웨이 스테이션?

○ 편의점이 어디 있나요?

Can you tell me where a **convenience store** is?

캔유 텔미 웨얼 어 컨비니언스 스토어 이스?

○ 근처에 현금지급기 있나요?

Is there an **ATM** nearby?

이스 데얼 언 에이티엠 니얼바이?

○ 당신의 왼편/오른편에 있어요.

It's on your left/right.

잇츠 온 유어 레프트/롸잇.

○ 길을 건너세요.

Cross the street.

크로스 더 스트뤳.

○ 우체국 옆에 있어요.

It's **next to** the **post office**.

잇츠 넥스 투 더 포스트오피스.

VOCA

nearest 가장 가까운 **convenience store** 편의점

ATM (automatic teller machine) 현금자동인출기 **cross** 건너다

next to ~의 옆에 **post office** 우체국

꿀팁!

· 자동차 부위의 명칭

① **rearview mirror** 백미러
[뤼어 뷰 미뤄]

② **windshield** 앞유리
[윈드쉴드]

③ **windshield wipers** 앞유리 와이퍼
[윈드쉴드 와이펄스]

④ **turn signal** 방향 표시등
[턴 시그널]

⑤ **headlight** 전조등
[헤드라잇]

⑥ **hood** 보닛
[후드]

⑦ **bumper** 범퍼
[범펄]

⑧ **hubcap** 휠캡
[헙캡]

⑨ **tire** 타이어
[타이어]

⑩ **muffler** 머플러
[머플러]

⑪ **gas tank** 연료탱크
[개스 탱크]

⑫ **side-view mirror** 사이드미러
[사이드-뷰 미뤄]

⑬ **brake light** 브레이크등
[브레이크 라잇]

⑭ **taillight** 미등
[테일라잇]

⑮ **license plate** 번호판
[라이센스 프레잇]

CHAPTER 03
숙박 해결하기

요즘은 호텔, 호스텔, 게스트하우스, 에어
비앤비 등 다양한 숙박시설이 있죠? 여
행에 있어 하루에 피로를 풀고 휴식을
취할 수 있는 숙박시설은 매우 중요해요.
이번에는 숙박시설과 서비스를 효과적으
로 이용할 수 있도록 여러 가지 표현을
알아볼게요.

챕터 03 음원 유튜브로 듣기

★ 요것만 알아도 노숙은 안 해요!

03-00-01

○ _____, 부탁합니다.
_____, please.
_____, 플리즈

체크인	체크아웃	2인실 (싱글침대 2개)
Check in	Check out	A twin room
체크인	첵크 아웃	어 트윈 룸
2인실 (더블침대 1개)	**1인실**	**스위트룸**
A double room	A single room	A suite room
어 더블 룸	어 싱글 룸	어 스위트룸
퀸사이즈 침대 방	**경치가 좋은 방**	**금연객실**
A room with a queen-sized bed	A room with a nice view	A non-smoking room
어 룸 위드 어 퀸사이즈드 베드	어 룸 위드 어 나이스 뷰	어 난 스모킹 룸

03-00-02

○ 방에 _____ 있나요?
Is/Are there _____ in the room?
이스/아 데얼 _____ 인 더 룸?

에어컨	헤어드라이기	냉장고
an air-conditioner	a blow dryer	a fridge
언 에어-컨디셔너	어 블로우 드라이어	어 프리쥐
커피메이커	**욕조**	**객실 내 금고**
a coffee maker	a bathtub	an in-room safe
어 커휘메이커	어 베스텁	언 인룸 세이프
와이파이 연결	**인터넷 연결**	**맥주**
a Wi-Fi connection	an Internet connection	some beer
어 와이화이 커넥션	언 인터넷 커넥션	썸 비어

이/가 어디 있는지 아세요?

Do you know where _____ is?

두유 노우 웨어 _____ 이스?

식당	커피숍	헬스클럽
a restaurant	a coffee shop	the gym
어 뤠스토랑	어 커휘 샵	더 짐
사우나	수영장	기념품상점
the sauna	the swimming pool	a souvenir shop
더 사우나	더 스위밍 풀	어 수비니어 샵
슈퍼마켓	세탁실	술집
a supermarket	a laundry room	a bar
어 수퍼마켓	어 론드뤼 룸	어 바

좀 가져다주시겠어요?

Could you bring me _____, please?

쿠 쥬 브륑 미 _____, 플리즈?

수건(을 더)	아침식사	와인 한 병
more towels	breakfast	a bottle of wine
모얼 타월스	블랙퍼스트	어 보틀 오브 와인
맥주 세 캔	베개	담요
three cans of beer	a pillow	a blanket
쓰뤼 캔스 오브 비어	어 필로우	어 블랭킷

01 예약과 체크인

요즘 숙박시설 예약은 온라인이나 여행사를 통하는 경우가 대부분이지만 전화나 구두로 예약을 해야 하는 경우에 대비해 관련 표현을 알아볼게요.

예약과 체크인 필수 단어

03-01-01

호텔	[호텔]	**hotel**
호스텔	[호스텔]	**hostel**
게스트하우스	[게스트하우스]	**guesthouse**
백패커	[백패커]	**backpacker**
특실	[스위트룸]	**suite room**
1인 객실	[싱글룸]	**single room**
1인 침대	[싱글베드]	**single bed**
1인 침대 2개	[트윈베드]	**twin bed**
2인 객실 (1인용 침대 2개)	[트윈룸]	**twin room**
2인 객실 (2인용 침대 1개)	[더블룸]	**double room**
2인 침대	[더블베드]	**double bed**
2박 3일	[쓰뤼데이스 투나잇츠]	**three days two nights**
방을 예약하다	[뤼저브 어 룸]	**reserve a room**
방을 예약하다	[북 어 룸]	**book a room**
~라는 이름으로	[언더 더 네임 오브]	**under the name of**
예약을 확인하다	[컨펌 어 뤠저베이션]	**confirm a reservation**

 Dialogue

실제 상황에서 나눌 수 있는 대화문입니다. 대화문을 한 번 읽고, 원어민 발음의
음원을 듣고 큰 소리로 따라 해보세요.

🔊 03-01-02

A 안녕하세요. 예약을 하고 싶어요.

Hello, I'd like to **make a reservation**.

헬로우, 아드 라이크 투 메이크 어 뤠져베이션

B 어떤 방을 원하세요?

What kind of room would you like?

왓 카인드 오브 룸 우쥬 라이크?

A 킹사이즈 침대 방 2박을 원해요. 3월 3일에 도착할 예정이고요.

I need a king-sized bed for two nights.
I'll be there on the 3rd of March.

아이 니드 어 킹 사이즈드 베드 포 투 나잇츠. 아일 비 데얼 온 더 써드 오브 마취

B 네, 성함을 말씀해주시겠어요?

Sure. Could you tell me your name?

슈얼. 쿠쥬 텔미 유어 네임?

A 제 이름은 진킴입니다.

My name is Jin Kim.

마이 네임 이스 진킴

VOCA

make a reservation 예약하다   **what kind of** 어떤 종류의

📝 표현 찾아 말하기

현재 처한 상황에 필요한 표현을 찾아 빨리 말하세요.

숙소 예약하기

03-01-03

○ 예약할 수 있나요?

Can I make a reservation?
캐아이 메이크 어 뤠저베이션?

○ 3일 동안 묵을 1인실을 예약
하고 싶은데요.

I'd like to book a **single room**
for three nights.
아이드 라이크 투 북 어 싱글 룸 포 쓰뤼 나잇츠

○ 전망이 좋은 2인실로 주세요.

I'd like a double room with **a
nice view**.
아이드 라이크 어 더블 룸 위드 어 나이스 뷰.

an ocean view 바다가 보이는 경치
a mountain view 산이 보이는 경치

○ 에어컨이 달린 2인실로요.

I'd like a **twin room** with an
air-conditioner.
아이드 라이크 어 트윈 룸 위드 언 에어-컨디셔너.

○ 언제 도착하시나요?

When do you arrive?
웬 두 유 얼롸이브?

○ 1월 13일 오후에 도착할
거예요.

I'll be there on the 13th of
January in the afternoon.
아일 비 데얼 온 더 썰틴스 오브 재뉴어뤼 인 디 애
프트눈.

VOCA

single room 1인실   **a nice view** 좋은 전망   **twin room** 2인실

○ 며칠 동안 묵을 예정인가요?

How many nights will you be staying?

하우 매니 나잇츠 윌 유 비 스테잉?

○ 1월 13일부터 16일까지 3박 묵을 예정입니다.

January 13th through the 16th, a total of 3 nights.

재뉴어뤼 썰틴스 쓰루 더 식스틴쓰, 어 토럴 오브 쓰뤼 나잇츠.

○ 빈 방이 없습니다.

We have no **vacancies**.

위 해브 노 베이컨시스.

○ 죄송합니다. 모두 예약이 되었습니다.

I'm sorry, we are **fully** booked.

아임 쏘뤼. 위아 풀리 북트.

○ 객실료가 얼마인가요?

What's the room **rate**?

왓츠 더 룸 뤠잇?

○ 더 싼 방이 있나요?

Do you have anything **cheaper**?

두 유 해브 애니띵 칩퍼?

○ 조식이 포함된 요금인가요?

Does it **include** breakfast?

더즈 잇 인클루드 블렉훠스트?

VOCA

how many 얼마나 많이~   **vacancy** 빈방   **fully** 완전히   **rate** 요금
cheaper (값이) 더 싼   **include** 포함하다

방 구하기

03-01-04

○ 빈방 있나요? — Do you have a **vacancy**?
두 유 해브 어 베이컨씨?

○ 예약하셨습니까? — Do you have a reservation?
두 유 해브 어 뤠저베이션?

○ 예약을 하지 않았습니다. — I don't have a reservation.
아이 돈 해브 어 뤠저베이션

○ 몇 분이십니까? — For how many of you?
포 하우 매니 오브 유?

○ 두 명이요. — Two people, please.
투 피플, 플리즈

○ 1인실 한 개만 남아있습니다. — We've got only one single room left.
위브 갓 온리 원 싱글 룸 레프트

○ 그 방으로 할게요. — I'll take that room.
아일 테이크 댓 룸

VOCA

vacancy 빈방

체크인하기

○ 체크인해주세요.

Check in, please.
체크 인 플리즈.

○ 진킴이라는 이름으로 예약을 했어요.

I **booked** a room under the name of Jin Kim.
아이 북트 어 룸 언더 더 네임 오브 진킴.

○ 예약 확인번호 있으세요?

Do you have the **confirmation number**?
두 유 해브 더 컨퍼매이션 넘버?

○ 고객님의 예약을 찾을 수가 없네요.

I can't find your reservation.
아이 캔트 파인드 유어 뤠저베이션.

○ 성함의 철자가 어떻게 되세요?

How do you **spell** your name?
하우 두 유 스펠 유어 네임?

○ 체크인 양식을 작성해주세요.

Please, **fill out** this check-in form.
플리즈, 휠 아웃 디스 체크-인 폼.

○ 금연실로 드릴까요?

Would you like a **nonsmoking** room?
우쥬 라이크 어 닌스모킹 룸?

VOCA

book 예약하다   **confirmation number** 예약 확인번호   **spell** 철자하다
fill out (용지에) 써넣다   **nonsmoking** 금연의

Chapter 3. 숙박 해결하기   85

02 숙소 이용

룸서비스나 시설 이용, 세탁 서비스, 모닝콜 등 궁금한 것은 물어보고 필요한 것은 요청할 수 있도록 관련 표현을 배워볼게요.

숙소에서 필수 단어

03-02-01

대리주차	[발렛파킹]	**valet parking**
도어맨	[도어맨]	**doorman**
프런트데스크	[프런트데스크]	**front desk**
지배인	[매니저]	**manager**
로비	[홀]	**hall**
청소부	[룸메이드]	**room maid**
룸서비스	[룸서비스]	**room service**
객실 내 금고	[인 룸 세이프]	**in-room safe**
객실청소	[메이크업]	**make up**
모닝콜	[웨이크업 콜]	**wake up call**
무선인터넷	[와이어리스 인터넷]	**wireless Internet**
방 번호	[룸넘버]	**room number**
방 열쇠	[룸키]	**room key**
봉사료	[서비스 차지]	**service charges**
세탁 서비스	[런드뤼 서비스]	**laundry service**
샴푸 등의 소모품	[어메니티]	**amenity**

🎙 Dialogue

실제 상황에서 나눌 수 있는 대화문입니다. 대화문을 한 번 읽고, 원어민 발음의
음원을 듣고 큰 소리로 따라 해보세요.

03-02-02

A 프론트데스크입니다. 무엇을 도와드릴까요?

Front desk, may I help you?

프론트데스크, 매아이 핼프 유?

B 방에서 와이파이 되나요?

Can I use Wi-Fi in the room?

캔 아이 유즈 와이파이 인 더 룸?

A 네, 물론입니다. 몇 호실이십니까?

Yes, of course. What's the **room number**?

예스 오브 코올스 왓츠 너 룸 넘버?

B 902호입니다.

I'm in room 902.

아임 인 룸 나인 오 투.

A 비밀번호는 '00902'입니다.

The **password** is '00902'.

더 패스워드 이스 지로지로 나인지로투.

숫자 **0**은 [지로]라고 읽지만 [오]라고 읽기도 해요. 위 문장처럼 **0**이 두 개인 경
우 [더블오]라고 말하기도 해요.

VOCA

room number 호실, 방 번호   **password** 암호, 비밀번호

💿 표현 찾아 말하기

현재 처한 상황에 필요한 표현을 찾아 빨리 말하세요.

룸서비스 이용

03-02-03

○ 짐을 방으로 옮겨주시겠어요?

Could you take my **luggage** up to the room, please?
쿠쥬 테이크 마이 러기쥐 업 투 더 룸, 플리즈?

○ 룸서비스 부르려면 몇 번 누르죠?

What number should I press for room service?
왓 넘버 슈드아이 프레스 포 룸 서비스.

○ 필요한 게 있으시면, 1번 프런트데스크로 연락해주세요.

If you need anything, **dial** 1 for the front desk.
이프 유 니드 애니띵, 다이얼 원 포 더 프론트 데스크.

○ 맥주 한 캔과 구운 치킨 좀 가져다주세요.

Bring me a can of beer and a grilled chicken, please.
브링 미 어 캔 오브 비어 앤 어 그릴드 치킨 플리즈.

○ 젓가락 있나요?

Are there any **chopsticks**?
아 데얼 애니 찹스틱스?

○ 오전 8시에 모닝콜 해주세요.

I need a **wake-up call** at 8:00 in the morning.
아이 니드 어 웨이크-업 콜 앳 에잇 인 더 모닝.

VOCA

luggage 짐 **dial** 전화를 걸다 **chopsticks** 젓가락
wake-up call 모닝콜

○ 모닝콜 좀 취소해주세요.
I'd like to **cancel** the wake-up call.
아이드 라익 투 캔슬 더 웨이크-업 콜.

○ 방 청소 좀 해주시겠어요?
Could you **make up** my room?
쿠쥬 메이크 업 마이 룸?

○ 조식이 제공되나요?
Is breakfast served?
이스 블렉퍼스트 서브드?

○ 조식은 어디서 하나요?
Where can I have **breakfast**?
웨얼 캔아이 해브 블렉퍼스트?

○ 세탁 서비스가 가능한가요?
Do you have a **laundry** service?
두 유 해브 어 론드뤼 서비스?

○ 셔츠를 세탁해주시겠어요?
Could you clean these shirts?
쿠쥬 클린 디즈 셔츠?

○ 제 바지를 다림질하고 싶어요.
I'd like to get my pants **ironed**.
아이드 라이크 투 겟 마이 팬츠 아이언드.

숙박하기

VOCA

cancel 취소하다   **make up** (호텔 방을) 정리하다, 화장하다
breakfast 아침식사   **laundry** 세탁, 세탁물, 세탁소   **iron** 다림질하다

○ 여기 누구 한국말 하는 사람 없나요? | Does anyone here speak Korean?
더즈 애니원 히어 스피크 코뤼안?

○ 인터넷에 어떻게 접속하죠? | How can I **access** the Internet?
하우 캔아이 액세스 디 인터넷?

○ 귀중품을 여기에 맡길 수 있을까요? | Can I keep my **valuables** here?
캔아이 킵 마이 밸류어블스 히어?

○ 근처에 맛있는 식당을 추천해 주시겠어요? | Could you **recommend** a good restaurant **nearby**?
쿠 쥬 뤠커멘드 어 굿 뤠스토랑 니어바이?

○ 국제전화를 어떻게 걸죠? | How can I make an **international call**?
하우 캔아이 매이크 언 이너네셔널 콜?

○ 시내전화를 하고 싶어요. | I'd like to make a **local call**.
아이드 라이크 투 메이크 어 로컬 콜.

○ 장거리 전화는 어떻게 걸죠? | How can I make a **long distance** call?
하우 캔이아 메이크 어 롱디스턴스 콜?

VOCA

access 접근하다 **valuable** 귀중품, 고가품 **recommend** 추천하다
nearby 가까이에 **international call/overseas call** 국제전화
local call 시내전화 **long distance** 장거리

03 문제 해결

숙박시설에서 발생할 수 있는 다양한 문제를 해결하려면 관련 표현을 알아두어야겠죠? 시설의 고장이나 문제를 설명하고 조치를 취할 때 필요한 표현을 알아볼게요.

숙소 문제 필수 단어

03-03-01

베개	[필로우]	**pillow**
콘센트	[아웃렛]	**outlet**
쓰레기통	[트레시 빈]	**trash bin**
욕조	[배쓰텁]	**bathtub**
배수구	[드레인]	**drain**
수도꼭지	[포짓]	**faucet**
목욕용 큰 수건	[바쓰 타월]	**bath towel**
작은 수건	[핸드 타월]	**hand towel**
휴지	[토일렛 페이퍼]	**toilet paper**
세면대	[씽크]	**sink**
비누	[소웁]	**soap**
칫솔	[투쓰브러쉬]	**toothbrush**
치약	[투쓰페이스트]	**toothpaste**
빗	[코움]	**comb**
드라이기	[헤어드라이어]	**hair drier**
면도기	[레이저]	**razor**

 **Dialogue**

실제 상황에서 나눌 수 있는 대화문입니다. 대화문을 한 번 읽고, 원어민 발음의
음원을 듣고 큰 소리로 따라 해보세요.

03-03-02

A 무엇을 도와드릴까요?
How can I help you?
하우 캔 아이 헬프 유?

B 변기물이 내려가지 않아요.
The toilet doesn't **flush**.
더 토일렛 더즌 플러쉬

A 죄송합니다. 제가 가서 보겠습니다.
I'm sorry. I'll come over and **have a look**.
아임 쏘리. 아일 컴 오버 앤 해브 어 룩.

B 감사합니다. 711호예요.
Thanks. I'm in room 711.
땡스. 아임 인 룸 세븐원원.

VOCA

flush (변기의) 물을 내리다   **have a look** 확인하다, 한 번 보다

표현 찾아 말하기

현재 처한 상황에 필요한 표현을 찾아 빨리 말하세요.

방에 대한 문제

숙박하기

○ 바다전망 방으로 옮기고 싶은데요.

I'd like to move into a room with an **ocean view**.
아이드 라이크 투 무브 인투 어 룸 위드 언 오션뷰.

○ 이 방은 너무 시끄러워요.

This room is too **noisy**.
디스 룸 이스 투 노이지.

○ 천장에서 이상한 소리가 나요.

A **strange noise** is coming from the **ceiling**.
어 스트레인지 노이즈 이스 커밍 프롬 더 실링.

roof 지붕 / **floor** 바닥 / **wall** 벽

○ 난방이 안 되네요.

There is no **heat**.
데얼 이스 노 힛.

○ 방안이 너무 더워요.

It's too hot in this room.
잇츠 투 핫 인 디스 룸.

○ 방이 너무 지저분해요.

The room is too **messy**.
더 룸 이스 투 메씨.

○ 잠을 못 자겠어요.

I just can't sleep.
아이 저스트 캔트 슬립.

VOCA

ocean view 바다 전망 **noisy** 시끄러운 **strange** 이상한
noise 소리, 소음 **ceiling** 천장 **heat** 열, 열기 **messy** 지저분한

○ 제가 예약한 방이 아닌데요.

This isn't the room I booked.
디스 이즌 더 룸 아이 북트.

○ 저는 비흡연실을 원했는데요.

I **asked** for a non-smoking room.
아이 애스크트 포 러 난-스모킹룸.

○ 방을 바꾸고 싶어요.

I'd like to change my room.
아이드 라이크 투 체인쥐 마이 룸.

○ 방 열쇠를 잃어버렸어요.

I lost my room key.
아이 로스트 마이 룸 키.

○ 룸카드를 한 개 더 받을 수 있나요?

Can I have an **extra room card**?
캔아이 해브 언 엑스트리 룸 칼드?

○ 열쇠를 두고 나왔어요.

I'm **locked out**.
아임 락트 아웃.

○ 방이 몇 호실인지 잊었어요.

I forgot my room number.
아이 포갓 마이 룸 넘버.

고장과 물품 요청

○ 더운물이 안 나와요.

There is no hot water.
데얼 이스 노 핫 워러.

○ 더운물이 뜨겁지가 않아요.

The hot water is not hot **enough**.
더 핫 워러 이스 낫 핫 이너프.

○ 에어컨이 작동하질 않아요.

The air-conditioner is not working.
디 에어-컨디셔너 이스 낫 월킹.

○ 샤워기가 고장이에요.

The shower doesn't work.
더 샤워 더즌 월크.

○ 수도꼭지가 고장이에요.

The faucet is broken.
더 포짓 이스 브로큰.

○ 변기가 막혔어요.

The toilet bowl is **clogged**.
더 토일렛 보울 이스 크록트.

○ 고치는데 얼마나 걸리나요?

How long does it take to get it **fixed**?
하우 롱 더즈 잇 테이크 투 겟 잇 휙스드?

○ 타월 좀 가져다주세요.

Bring me some towels, please.
브링 미 썸 타월스, 플리즈.

soap 비누 / **shampoo** 샴푸 / **hair conditioner** 헤어 컨디셔너 / **hair drier** 헤어드라이 / **toothbrush** 칫솔 / **toothpaste** 치약

VOCA

enough 충분한   **be clogged** 막히다   **fix** 수리하다

04 체크아웃

체크아웃 할 때는 이용한 서비스에 대해 계산을 하고 퇴실해요. 떠나기 전에 소지품, 여권과 항공권을 잘 챙겼는지 확인하세요.

체크아웃 필수 단어

03-04-01

프론트	[프론트 데스크]	**front desk**
퇴실수속	[체크아웃]	**check-out**
숙박부	[체크인 슬립]	**check-in slip**
통역 서비스	[인터프리터 서비스]	**interpreter service**
셔틀버스	[셔틀버스]	**shuttle bus**
미니 바	[미니 바]	**mini bar**
얼마	[하우 머취]	**how much**
계산서	[빌]	**bill**
요금	[차지]	**charge**
신용카드	[크레딧 칼드]	**credit card**
현금	[캐쉬]	**cash**
할부	[인스톨먼트]	**installment**
영수증	[뤼씻]	**receipt**
팁	[팁]	**tip**

 **Dialogue**

실제 상황에서 나눌 수 있는 대화문입니다. 대화문을 한 번 읽고, 원어민 발음의
음원을 듣고 큰 소리로 따라 해보세요.

03-04-02

Ⓐ 정오에 체크아웃하려고요.
I'd like to check out at **noon**.
아이드 라이크 투 체크아웃 앳 눈.

Ⓑ 몇 호실이신가요?
Can I have your room number?
캔아이 해브 유어 룸 넘버?

Ⓐ 207호요. 계산서 좀 주시겠어요?
It's 207. Can I have my **bill**?
잇츠 투오세븐. 캔 아이 해브 마이 빌?

Ⓑ 물론입니다. 즉시 계산서를 출력해드리겠습니다.
Sure. I'll **print out** your bill **right away**.
슈얼. 아일 프린트 아웃 유어 빌 롸잇 어웨이.

VOCA

noon 정오   **bill** 청구서, 계산서   **print out** 출력하다, 인쇄하다
right away 즉시

Chapter 3. 숙박 해결하기   97

🌀 표현 찾아 말하기

현재 처한 상황에 필요한 표현을 찾아 빨리 말하세요.

체크아웃 전

03-04-03

○ 몇 시에 체크아웃을 해야
하나요?

What time do I have to check out?
왓 타임 두아이 해브 투 체크아웃?

○ 체크아웃 어디에서 하죠?

Where do I check out?
웨어 두 아이 체크아웃?

○ 11시 30분에 체크아웃하고
싶어요.

I'd like to check out at 11:30.
아이드 라이크 투 체크아웃 앳 일레븐 써리

○ 계산서를 준비해주세요.

Please, **prepare** my bill.
플리즈, 프리페어 마이 빌.

○ 짐 옮기는 걸 도와줄 사람을
보내주시겠어요?

Could you send someone for my luggage?
쿠쥬 센드 섬원 포 마이 러기쥐?

○ 하루 더 묵고 싶은데요.

I'd like to **stay** one more night.
아이드 라이크 투 스태이 원 모어 나잇

○ 하루 일찍 나가고 싶은데요.

I'd like to leave one day **earlier**.
아이드 라이크 투 리브 원 데이 얼리어.

VOCA

prepare 준비하다 **stay** 머물다 **earlier** 더 일찍

체크아웃하기

○ 체크아웃을 오후 2시로 미룰
수 있나요?

Can I **push back** my check-
out until 2 P.M.?
캔 아이 푸쉬백 마이 첵아웃 언틸 두 피엠?

○ 계산할게요.

I'd like to pay the bill.
아이드 라이크 투 페이 더 빌.

○ 미니바에 있는 위스키 한 병
마셨어요.

I drank a bottle of whisky in
the mini-bar.
아이 드랭크 어 보를 오브 위스키 인 더 미니바.

○ 총 금액 400달러입니다.

It comes to a total of $400.
잇 컴스 투 어 토럴 오브 포 헌드레드 달러스.

○ 좀 높게 청구된 것 같은데요.

I think you're **overcharging**
me.
아이 띵크 유아 오버촤징 미.

○ 이건 뭘 청구하는 거죠?

What's this **charge** for?
왓츠 디스 촤쥐 포?

○ 계산에 실수가 있네요.

There is a **mistake** on the bill.
데얼 이스 어 미스테이크 온 더 빌.

VOCA

push back 미루다   **overcharge** 많이 청구하다   **charge** 요금
mistake 실수

○ 이건 10% 봉사료입니다.

That's a 10% service charge.
댓츠 어 텐 펄센트 서비스 촤쥐

○ 신용카드로 계산해주세요.

Put it on my credit card.
풋 잇 온 마이 크뤠딧 카드

○ 수표로 계산할게요.

I'll pay by **check**.
아일 페이 바이 첵

○ 여기 사인해주세요.

Sign here, please.
사인 히얼, 플리즈

○ 영수증 좀 주세요.

I need a **receipt**, please.
아이 니드 어 뤼씻, 플리즈

○ 택시를 불러주시겠어요?

Could you call a taxi for me?
쿠 쥬 콜 어 택시 포 미?

○ 방에 뭘 두고 왔어요.

I left something in my room.
아이 레프트 썸띵 인 마이 룸

· 호텔 관련 단어

· **Voucher** [바우처]
호텔 예약이 확정되었음을 증명하는 서류로 숙박 예약확인증이에요.
체크인할 때 보여주세요.

· **Deposit** [디파짓]
보증금으로 미리 내는 돈인데요. 물품 파손, 유료서비스를 이용한 경우
차감하고 돌려줘요.

· **Corkage Charge** [콜키지 차쥐]
외부에서 가져온 술이나 음료에 대해 지불하는 비용으로 호텔마다 적용
하는 곳도 있고 그렇지 않은 곳도 있어요.

· **Wake-up Call** [웨이크업 콜]
우리가 보통 모닝콜이라고 부르는데요. 손님이 요구한 시간에 맞추어
전화를 걸어 잠을 깨워주는 서비스예요.

· **Porter** [포터]
고객이 호텔에 도착하면 짐을 객실이나 프런트로 운반해주는 사람을 가
리켜요.

· **Safety Box** [세이프티 박스]
프런트 데스크에 마련된 귀중품을 맡길 수 있는 장소를 말해요.

· **American Breakfast** [아메리칸 블랙퍼스트]
미국식 아침식사로 빵과 커피, 스크램블드에그, 베이컨, 과일 등이 나
와요.

· **Continental Breakfast** [컨티넨탈 블랙퍼스트]
유럽식 아침식사로 커피 또는 우유와 빵, 치즈로 이루어진 간단한 아침
식사예요.

CHAPTER 04
관광 즐기기

자유여행을 떠나면 유명 관광지를 찾아
다니고 공연이나 콘서트를 관람하고 카
지노 등의 오락거리를 즐기기도 해요. 가
고 싶은 곳을 직접 찾아다니며 몸으로
생생하게 체험할 수 있도록 관련 표현들
을 알아볼게요.

챕터 04 **음원 유튜브로 듣기**

04-00-01

○ ▨▨▨▨▨▨▨하기/타기 좋은 곳이 어디인가요?

Where's a good place for ▨▨▨▨▨▨?

웨얼스 어 굿 플레이스 포 ▨▨▨▨▨▨▨?

관광	스케이트	스키
sightseeing	skating	skiing
싸잇씨잉	스케이링	스킹
등산	수상스키	서핑
climbing	water skiing	surfing
클라이밍	워러 스킹	서핑
스쿠버다이빙	요트 항해	스노클링
scuba diving	sailing	snorkeling
스쿠버 다이빙	세일링	스노클링

04-00-02

○ ▨▨▨▨▨▨은 얼마죠?

How much is it for ▨▨▨▨▨?

하우 머취 이즈 잇 포 ▨▨▨▨▨?

어른 한 명	어른 두 명	어린이 한 명
an adult	two adults	a child
언 애덜트	투 애덜츠	어 촤일드
어린이 두 명	학생 한 명	어른 한 명과 어린이 한 명
two children	a student	an adult and a child
투 췰드런	어 스튜던트	언 애덜트 앤 어 촤일드

○ **가까운 곳에 [   ]이/가 있나요?**

Is there [   ] near here?

이스 데얼 [   ] 니어 히어?

수족관	동물원	식물원
an aquarium	a zoo	a botanical garden
언 아쿠아뤼움	어 쥬	어 보테니컬 가든
박물관	**미술관**	**극장**
a museum	an art gallery	a theater
어 뮤지엄	언 아트 겔러뤼	어 씨어러
놀이공원	**영화관**	**카지노**
an amusement park	a cinema	a casino
언 어뮤즈먼트 파크	어 씨네마	어 카지노

○ **[   ]은/는 얼마동안 하나요?**

How long is [   ]?

하우 롱 이스 [   ]?

콘서트	뮤지컬	영화
the concert	the musical	the movie
더 콘서트	더 뮤지컬	더 무비
연극	**마술공연**	**서커스**
the play	the magic show	the circus
더 플래이	더 매직 쑈	더 썰커스

01 관광하기

유명 관광지를 다니면서 그 나라의 문화와 역사를 엿보고 구경하는 것은 여행의 큰 즐거움이죠. 이번에는 관광지에서 사용되는 다양한 표현을 배워볼게요.

관광 필수 단어

> 04-01-01

관광명소	[투어뤼스트 어트렉션]	**tourist attraction**
금연구역	[난-스모팅 애뤼어]	**Non-Smoking Area**
나가는 길	[웨이 아웃]	**Way Out**
단체할인	[그룹 디스카운트]	**group discount**
당일치기 여행	[원-데이 트립]	**one-day trip**
도보여행	[하이킹]	**hiking**
배낭여행	[백패킹]	**backpacking**
시내관광	[씨리투어]	**city tour**
여행사	[트뤠블 에이전시]	**travel agency**
가이드	[가이드]	**guide**
여행일정	[아이티너뤄뤼]	**itinerary**
사진 촬영 금지	[노 픽져스]	**No Pictures**
들어가지 마시오	[노 엔트뤼]	**No Entry**
만지지 마시오	[두 낫 터취]	**Do Not Touch**
올라가지 마시오	[두 낫 클라임]	**Do Not Climb**
관계자 외 출입금지	[어쏘롸이즈드 펄사널 온리]	**Authorized Personnel Only**

Dialogue

실제 상황에서 나눌 수 있는 대화문입니다. 대화문을 한 번 읽고, 원어민 발음의 음원을 듣고 큰 소리로 따라 해보세요.

04-01-02

A 우리 여기서 사진찍자.

Let's **take a picture here**.

렛츠 테이크 어 픽쳐 히얼.

B 그래. 어디서?

Sure. Where?

슈얼. 웨얼?

A 이 조각상 앞에서.

In front of this **statue**.

인 프론트 오브 디스 스테츄.

> **The Statue of Liberty** 자유의 여신상

B 그래. 차-즤

OK, Cheese!

오케이. 차-즤

VOCA

take a picture 사진을 찍다 **in front of** ~의 앞쪽에 **statue** 동상, 조각상

🍃 표현 찾아 말하기

현재 처한 상황에 필요한 표현을 찾아 빨리 말하세요.

관광 정보

04-01-03

○ 시내지도 한 장 주시겠어요?

Can I have a city map, please?
캔 아이 해브 어 씨리맵, 플리즈?

○ 관광지도 하나 주시겠어요?

Can I get a tourist map, please?
캔 아이 겟 어 투어뤼스트 맵, 플리즈?

○ 관광정보 좀 주세요.

Give me some **information** for **sightseeing**.
깁미 썸 인포메이션 포 싸잇씨잉.

○ 도시 안내책자를 얻을 수 있을까요?

Is it possible to get a city guide?
이즈 잇 파써블 투 겟 어 씨리가이드?

Is it possible to~는 '~가 가능할까요?'하고 정중하게 물을 때 사용해요.

○ 무료예요?

Is it **free**?
이즈 잇 프뤼?

○ 수산시장을 찾고 있어요.

I'm **looking for** a fish market.
아임 룩킹 포 러 피쉬마켓.

○ 저는 스카이다이빙을 정말 해보고 싶어요.

I really want to try **skydiving**.
아이 륄리 원 투 트롸이 스카이다이빙.

VOCA

information 정보   **sightseeing** 관광   **free** 무료의
looking for ~을 찾다   **skydiving** 스카이다이빙

○ 시내관광 버스가 있나요?

Is there a city tour bus?

이스 데얼 어 씨티 투어 버스?

○ 축제가 열리나요?

Are there any **festivals**?

아 데어 애니 풰스티블스?

○ 어디를 가야 좋을까요?

Where should I go?

웨얼 슈드 아이 고?

○ 거기 어떻게 가야 하나요?

How can I get there?

하우 캔 아이 겟 데얼?

○ 이 근처에 볼 만한 장소를 추천해주시겠어요?

Please recommend some good places to see around here.

플리즈 뤠커멘드 썸 굿 플레이시스 투 씨 어롸운드 히얼.

○ 이곳의 좋은 경치를 보려면 어디가 좋은가요?

Where can I see the best **view** of this place?

웨어 캔아이 씨 더 베스트 뷰 오브 디스 플레이스?

> **ocean view** 바다가 보이는 풍경
> **mountain view** 산이 보이는 풍경

○ 이 궁전을 돌아보려면 얼마나 걸리나요?

How long does it take to **look around** this **palace**?

하우 롱 더즈 잇 테이크 투 룩 어롸운드 디스 팰러스?

VOCA

festival 축제 **view** 경관, 전망 **look around** 둘러보다 **palace** 궁전, 왕실

여행사 여행상품

○ 당일치기 여행을 예약하고 싶어요.

I'd like to book a one-day trip.
아이드 라이크 투 북 어 원데이 트립.

○ 어떤 종류의 투어가 있나요?

What kind of tours do you have?
왓 카인드 오브 투얼스 두 유 해브?

○ 어떤 여행상품을 추천하세요?

Which tour do you **recommend**?
위치 투어 두 유 뤠커멘드?

○ 에어즈락으로 가는 투어가 있나요?

Is there a tour to Ayers Rock?
이스 데얼 어 투어 투 아이얼스락?

○ 한국어를 하는 가이드 있나요?

Is there a Korean speaking guide?
이스 데얼 어 코뤼언-스피킹 가이드?

○ 이 투어가 어디어디 가는지 알려주시겠어요?

Could you tell me what this tour covers?
쿠 쥬 텔 미 왓 디스 투어 커벌스?

○ 야간 투어는 있나요?

Do you have a **night tour**?
두 유 해브 어 나잇 투어?

VOCA

recommend 추천하다   **night tour** 야간 투어

○ 비용이 얼마 들어요?   How much does it **cost**?
하우 머취 더즈 잇 코스트?

○ 가격에 식비가 포함되나요?   Does the **price include meals**?
더즈 더 프라이스 인클루드 밀스?

○ 몇 시에 출발하나요?   What time do we leave?
왓 타임 두 위 리브?

○ 어디서 출발하나요?   Where does it start?
웨어 더즈 잇 스타트?

○ 언제 돌아오나요?   When are we coming back?
웬 아 위 커밍 백?

○ 일행은 몇 명이죠?   How large is the group?
하우 라지 이스 더 그룹?

○ 두꺼운 옷을 가져갈까요?   Do I need to take **thick clothes**?
두 아이 니드 투 테이크 씩 클로즈?

VOCA

cost 값, 비용   **price** 가격   **include** 포함하다   **meal** 식사, 끼니
thick 두꺼운   **clothes** 옷, 의복

관광지 즐기기

○ 이건 뭐라고 부르나요?

What is this called?
왓 이스 디스 콜드?

○ 얼마나 오래된 거죠?

How old is this?
하우 올드 이스 디스?

○ 입구가 어디인가요?

Where is the **entrance**?
웨얼 이스 디 엔트런스?

○ 이 박물관 지도 있나요?

Is there a map of this **museum**?
이스 데얼 어 맵 오브 디스 뮤지엄?

○ 안내책자를 받을 수 있나요?

Can I get a brochure, please?
캔 아이 겟 어 브로슈어, 플리즈?

○ 이게 왜 유명한 거죠?

What is this **famous for**?
왓 이스 디스 훼이머스 훠?

○ 건축가가 누군가요?

Who built it?
후 빌트 잇?

VOCA

entrance 출입구   **museum** 박물관   **famous for** ~로 유명한

○ 혼자 돌아볼게요.

I'll look around **on my own**.
아일 룩 어라운드 온 마이 오운.

○ 우리 여기서 몇 시에 만나요?

What time do we meet here?
왓 타임 두 위 밋 히얼?

○ 2시 30분에 여기서 다시 만나요.

We will meet here again at 2:30.
위 윌 밋 히얼 어게인 앳 투 써리.

○ 목이 말라요.

I'm **thirsty**.
아임 떨스티.

○ 배고파요.

I'm **hungry**.
아임 헝그뤼.

○ 어디서 마실 것을 사나요?

Where can I get something to drink?
웨어 캔 아이 겟 썸띵 투 드링크?

○ 기념품상점이 어디인가요?

Where is the **gift-shop**?
웨얼 이스 더 기프트숍?

VOCA

on my own 나 혼자	**thirsty** 목이 마른 **hungry** 배고픈
gift-shop 선물가게, 기념품상점	

사진 찍기

○ 여기서 사진 찍어도 되나요?

Can I take a picture here?
캔 아이 테이크 어 픽처 히어?

○ 플래시를 터뜨려도 되나요?

May I use a flash?
매아이 유스 어 플래쉬?

○ 제 사진 한 장만 찍어주시겠어요?

Could you take a picture of me, please?
쿠 쥬 테이크 어 픽춰 오브 미, 플리즈?

○ 저와 함께 사진을 찍어줄 수 있으세요?

Could you take a picture with me, please?
쿠 쥬 테이크 어 픽쳐 위드 미, 플리즈?

○ 이메일로 사진 보내줄게요.

I'll **send** you these pictures by e-mail.
아일 센쥬 디즈 픽쳐스 바이 이메일.

○ 여기 와이파이 되나요?

Can I use Wifi here?
캔아이 유즈 와이파이 히얼?

○ 비밀번호가 뭐죠?

What's the **password**?
왓츠 더 패스워드?

VOCA

send 보내다, 전송하다　**password** 비밀번호

02 관람하기

여행을 가서 유명한 공연, 콘서트, 영화를 보는 것도 큰 즐거움이죠. 유명한 공연이라면 미리 예매를 해두고 복장규정(Dress Code)이나 관람 시간 등을 다시 한 번 확인하세요.

관람 필수 단어

04-02-01

개장시간	[오프닝 아워]	**opening hour**
폐장시간	[클로징 아워]	**closing hour**
매표소	[티켓 오피스]	**ticket office**
입장료	[엔트런스 피]	**entrance fee**
매진	[솔드 아웃]	**sold out**
상영시간	[뤄닝 타임]	**running time**
앞줄	[프론트 뤄우]	**front row**
뒷줄	[백 뤄우]	**back row**
입석	[스탠딩 룸]	**standing room**
청중	[오디언스]	**audience**
대사	[라인스]	**lines**
자막	[써브타이틀]	**subtitle**
막간휴식	[인터미션]	**intermission**
앙코르	[앙코얼]	**encore**
주연배우	[메인 액터/액트뤠스]	**main actor/actress**
줄거리	[플롯]	**plot**

관광하기

 **Dialogue**

실제 상황에서 나눌 수 있는 대화문입니다. 대화문을 한 번 읽고, 원어민 발음의
음원을 듣고 큰 소리로 따라 해보세요.

04-02-02

A 입장료가 얼마죠?

How much is the **entrance fee**?

하우 머취 이스 디 엔터런스 휘?

B 어른 한 명에 15달러입니다.

It's $15 for an **adult**.

잇츠 휘프틴 달러스 포 런 애덜트.

A 8살 이하는요?

What about under the age of eight?

왓 어바웃 언더 디 에이지 오브 에잇?

B 어린이는 5달러입니다.

It's $5 for a **child**.

잇츠 화이브 달러스 포 러 차일드.

VOCA

entrance fee 입장료, 입장권 **adult** 어른 **child** 어린이

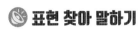

🎯 표현 찾아 말하기

현재 처한 상황에 필요한 표현을 찾아 빨리 말하세요.

입장권 구입하기

○ 매표소가 어디죠?

Where is the **box office**?
웨어 이스 더 박스 오피스?

○ 지금 표를 살 수 있나요?

Is there a ticket **available**?
이스 데얼 어 티켓 어베일러블?

○ 오늘 밤 표는 매진입니다.

We are **sold out** tonight.
위 아 솔드아웃 투나잇

○ 내일 표는 있나요?

What about tomorrow night?
왓 어바웃 투모로 나잇?

○ 그 공연은 매진입니다.

That **show** is sold out.
댓 쇼우 이스 솔드 아웃.

○ 입장료가 얼마죠?

How much is the admission?
하우 머취 이스 디 어드미션?

○ 앞줄에 좌석 남은 게 있나요?

Are there any seats left **in the front row**?
아 데얼 애니 씻츠 레프트 인더 프론트 뤄우?

VOCA

box office 매표소　**available** 구할 수 있는　**sold out** 매진된, 다 팔린
show 공연　**in the front row** 앞줄에

○ 어른 두 장이요.

I'll take two adult tickets.
아일 테이크 투 애덜트 티킷츠

○ 학생 표 한 장 주세요.

A ticket for a student, please.
어 티킷 포 어 스튜던트, 플리즈

○ 학생증을 보여주시겠어요?

May I see your **student card**?
매아이 씨 유어 스튜던트 카드?

○ 35달러입니다.

It's 35 dollars.
잇츠 써리 화이브 달러스

○ 단체 할인이 있나요?

Is there a **group discount**?
이스 데얼 어 그룹 디스카운트?

○ 여기 10% 할인 쿠폰 있어요.

Here is a **coupon** for 10% off.
히얼 이스 어 쿠폰 포 텐 펄센 오프

VOCA

student card 학생증　　**group discount** 단체 할인　　**coupon** 쿠폰

미술관 · 박물관

○ 가방은 여기에 두세요.
Please, leave your bag here.
플리즈, 리브 유어 백 히얼.

○ 제 카메라를 여기 두어야
하나요?
Do I **have to** leave my camera here?
두 아이 해브 투 리브 마이 캐머러 히얼?

○ 이건 어디 쓰던 물건인가요?
What's it used for?
왓츠 잇 유스드 포?

○ 무엇으로 만들어졌나요?
What is it **made of**?
왓 이즈 잇 매이드 오브?

○ 이 그림 화가가 누구인가요?
Who's the painter of this picture?
후스 더 페인터 오브 디스 픽쳐?

○ 출구가 어딘가요?
Where is the **exit**?
웨어 이스 디 이그짓?

○ 재입장이 가능한가요?
Can I **reenter**?
캔 아이 뤼엔터?

VOCA

have to ~해야 한다   **made of** ~로 만들어진   **exit** 출구
reenter 재입장하다

공연 · 콘서트 · 영화

○ 콘서트를 보고 싶어요.

I'd like to see a music concert.
아이드 라이크 투 씨 어 뮤직 콘서트.

○ 오늘 밤 뭘 상영해요?

What's on tonight?
왓츠 온 투나잇?

○ 누가 출연해요?

Who **stars** in it?
후 스탈스 인 잇?

○ 쇼가 몇 시에 시작하나요?

What time does the show **begin**?
왓 타임 더즈 더 쇼 비긴?

○ 요즘 가장 인기 있는 뮤지컬
이 뭐죠?

What's the most **popular** musical these days?
왓츠 더 모스트 파퓰러 뮤지컬 디즈 데이스?

○ 그 연극 어디서 볼 수 있어요?

Where can I see the **play**?
웨어 캔 아이 씨 더 플레이?

○ 공연을 얼마동안 하죠?

How long does it **run**?
하우 롱 더즈 잇 런?

> 영화나 공연이 상영되는 시간을 **running time**이라고 해요.

VOCA

star (연극, 영화 등에서) 주연을 맡다   **begin** 시작하다   **popular** 인기 있는
play 연극   **run** (정해진 시간 동안) 진행되다

03 사교와 오락 즐기기

현지 클럽에서 신나게 춤도 추고, 카지노를 경험하거나 그 나라의 인기 스포츠 경기를 관람하는 것도 큰 즐거움이죠. 이번에는 사교활동과 오락 거리를 즐기는 표현을 알아볼게요.

사교 · 오락 필수 단어

04-03-01

술자리	[드링킹 파티]	**drinking party**
복장규정	[드레스 코드]	**dress code**
나이트클럽	[나잇 클럽]	**night club**
노래방	[카라오키]	**karaoke**
무대	[스테이쥐]	**stage**
춤추다	[댄스]	**dance**
노래하다	[싱 어 송]	**sing a song**
영업시간	[비즈니스 아워]	**business hour**
카지노	[카지노]	**casino**
도박하다	[갬블]	**gamble**
(돈을) 걸다	[벳]	**bet**
미식축구	[어메뤼칸 풋볼]	**American football**
크리켓	[크뤼켓]	**cricket**
이기다	[윈]	**win**
지다	[루즈]	**lose**
비기다	[타이]	**tie**

실제 상황에서 나눌 수 있는 대화문입니다. 대화문을 한 번 읽고, 원어민 발음의
음원을 듣고 큰 소리로 따라 해보세요.

04-03-02

A 제가 한 잔 사도될까요?

Can I **buy you a drink**?

캔 아이 바이 유 어 드링크?

B 고마워요. 이곳 사람이신가요?

Sure. Are you from here?

슈어. 아 유 프롬 히얼?

A 아니요. 여행 중이에요. 내 이름은 진이에요. 한국에서 왔죠.

No. I'm travelling. My name is Jin. I'm from Korea.

노. 아임 트레블링. 마이 네임 이스 진. 아임 프롬 코리아.

B 오, 내 이름은 제인이에요. 캐나다에서 왔어요.

Oh, I'm Jane. I'm from Canada.

오. 아임 제인. 아임 프롬 캐내다.

VOCA

buy someone a drink ~에게 술 한 잔을 사다

🌀 표현 찾아 말하기

현재 처한 상황에 필요한 표현을 찾아 빨리 말하세요.

스포츠 경기 관람

04-03-03

○ 저는 아이스하키 경기를 보고 싶어요.

I want to **watch** the ice hockey game.
아이 원 투 왓치 디 아이스하키 게임.

○ 오늘 야구경기가 있나요?

Are there any baseball games today?
아 데얼 애니 베이스볼 게임스 투데이?

○ 어느 팀이 경기를 하죠?

Which teams are playing?
위치 팀스 아 플레잉?

○ 어느 경기장에서 하나요?

Where are they playing?
웨얼 아 데이 플레잉?

○ 시합을 몇 시에 시작하나요?

What time do they start playing?
왓 타임 두 데이 스탈트 플레잉?

○ 어디서 표를 구할 수 있나요?

Where can I get tickets?
웨어 캔 아이 겟 티킷츠?

○ 저 리버풀의 열렬한 팬이에요.

I'm a **huge** fan of Liverpool.
아임 어 휴즈 팬 오브 리버풀.

VOCA

watch 보다, 관람하다   huge 거대한

직접 스포츠 하기

○ 골프를 치고 싶어요.
I want to play golf.
아이 원투 플레이 골프.

○ 골프장 이용료가 얼마죠?
How much is the **green fee**?
하우 머취 이스 더 그린 휘?

○ 골프클럽을 어디서 빌릴 수 있나요?
Where can I **rent** a golf club?
웨어 캔 아이 렌트 어 골프 클럽?

○ 스키강습을 받고 싶은데요.
I'd like to take a ski lesson.
아이드 라이크 투 테이크 어 스키 레슨.

○ 당신과 야구를 하고 싶어요.
I want to paly baseball with you.
아이 원투 플레이 베이스볼 위드 유.

> 운동 종목에 따라서 동사 **go**, 또는 **play**를 달리 사용하는데요. 보통 구기종목이나 경합을 벌이는 종목에는 **play**를, 그렇지 않은 종목에는 **go**를 사용해요.
>
> • 스키 **go ski** / 테니스 **play tennis**
> • 서핑 **go surfing** / 야구 **play baseball**
> • 조깅 **go jogging** / 골프 **play golf**

○ 당신과 낚시를 가고 싶어요.
I want to go fishing with you.
아이 원투 고 피싱 위드 유.

VOCA

green fee 골프장 이용료   **rent** 대여하다, 빌리다

클럽에서

04-03-05

○ 음악이 좋네요!
Nice music!
나이스 뮤직!

○ 우리 춤추자!
Let's dance!
렛츠 댄스!

○ 혼자 왔어요?
Are you here **alone**?
아 유 히얼 얼론?

○ 저와 함께 춤춰요!
Come dance with me!
컴 댄스 위드 미!

○ 제가 한 잔 사도 돼요?
Can I buy you a drink?
캔아이 바이 유 어 드링크?

○ 만나서 반가워요.
Nice to meet you.
나이스 투 미츄.

○ 마티니 두 잔 주세요.
Two martini, please.
투 마티니, 플리즈.

○ 물 좀 주시겠어요?
Can I have some water, please?
캔 아이 해브 썸 워러, 플리즈?

VOCA

alone 혼자

카지노에서

04-03-06

○ 이 도시에 카지노 있어요?

Is there a casino in this city?
이스 데얼 어 카지노 인 디스 씨리?

○ 24시간 영업을 하나요?

Is it open 24 hours?
이즈 잇 오픈 트웨니 포 아월스?

○ 365일 열어요.

It's open 24/7.
잇츠 오픈 트웨니 포 쎄븐.

> **24/7**은 **24**시간 **7**일(트웨니 포 쎄븐) 내내 연다고 해서 '연중 무휴'를 뜻해요.

○ 복장규정이 있나요?

Is there a **dress code**?
이스 데얼 어 드레스 코드?

> 카지노는 보통 관광호텔의 위락시설로 딸려있으며 양복을 입어야 입장이 가능하지만 업소에 따라 셔츠와 재킷, 그리고 구두만 신었다면 입장을 시키기도 해요.

○ 이 게임은 어떻게 하는 거죠?

How can I play this game?
하우 캔 아이 플레이 디스 게임?

○ 칩을 어디서 바꾸나요?

Where do I get chips?
웨얼 두 아이 겟 칩스?

○ 현금으로 부탁합니다.

Cash, please.
캐쉬, 플리즈.

VOCA

dress code 복장규정

꿀팁!

· 스포츠의 명칭

야구 [베이스볼]
baseball

농구 [바스켓볼]
basketball

축구 [싸커]
soccer

골프 [고오프]
golf

볼링 [보울링]
bowling

탁구 [테이블 테니스]
table tennis

스키 [스킹]
skiing

수상스키 [워러스킹]
water-skiing

스케이트 [스케이링]
skating

자전거타기 [싸이클링]
cycling

수영 [스위밍]
swimming

권투 [박싱]
boxing

CHAPTER 05
쇼핑 즐기기

'쇼핑'하면 떠오르는 여행지는 홍콩, 하와 이죠? 두 여행지 모두 영어가 통용되기 도 하고 어느 나라로 여행을 가든 쇼핑 은 꼭 하게 되는 일정이므로 관련 표현 을 알아두면 많은 도움이 될 거예요.

챕터 05 음원 유튜브로 듣기

🔘 05-00-01

○ _____을/를 찾고 있어요.

I'm looking for _____?

이암 루킹 포 _____?

바지	청바지	치마	재킷
pants	jeans	a skirt	a jacket
팬츠	진스	어 스컬트	어 재킷
스웨터	**코트**	**목도리**	**장갑**
a sweater	a coat	a scarf	gloves
어 스웨러	어 코웃	어 스칼프	글로브스
운동화	**시계**	**양말**	**향수**
sneakers	a watch	socks	a perfume
스니컬스	어 왓취	싹스	어 펄퓸

🔘 05-00-02

○ _____이/가 어디 있나요?

Where is _____?

웨얼 이스 _____?

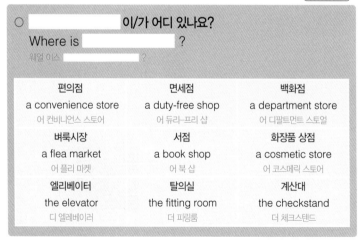

편의점	면세점	백화점
a convenience store	a duty-free shop	a department store
어 컨비니언스 스토어	어 듀리-프리 샵	어 디팔트먼트 스토얼
벼룩시장	**서점**	**화장품 상점**
a flea market	a book shop	a cosmetic store
어 플리 마켓	어 북 샵	어 코스메릭 스토어
엘리베이터	**탈의실**	**계산대**
the elevator	the fitting room	the checkstand
디 엘레베이러	더 피링룸	더 체크스텐드

○ [_____] 해도 되나요?

Can I [_____] ?

캔 아이 [_____] ?

보다	그것을 입어보다	다른 색을 보다
have a look	try it on	see any other color
해브 어 룩	트라이 잇 온	씨 애니 아덜 컬러
큰 치수를 입어보다	**종이봉투를 받다**	**선물 포장을 받다**
try a bigger size	get a paper bag	get it gift-wrapped
트라이 어 비걸 사이즈	겟 어 페이퍼백	겟 잇 기프트 랩트
할인을 받다	**현금결제하다**	**신용카드로 결제하다**
get a discount	pay in cash	pay by credit card
겟 어 디스카운트	페이 인 캐쉬	페이 바이 크뤠딧카드

○ 너무 [_____] 해요.

It's/They're too [_____] .

이츠/데얼 투 [_____] .

큰	작은	꽉 끼는	헐거운
big	small	tight	loose
빅	스몰	타잇	루즈
두꺼운	**얇은**	**비싼**	**싼**
thick	thin	expensive	cheap
씩	띤	익스펜씨브	칩
긴	**짧은**	**색이 어두운**	**더러운**
long	short	dark	dirty
롱	숄트	다크	더리

01 흥정하고 구매하기

쇼핑을 하러 갔을 때 딱히 물건을 살 계획이 아니라 그냥 구경만 할 의도였다면 I'm just looking. '그냥 보는 거예요.'나 I'm just browsing. '그냥 둘러보는 거예요.'라고 대답하세요.

쇼핑 필수 단어

05-01-01

골동품상점	[앤틱샵]	**antique shop**
기념품상점	[수비니어샵]	**souvenir shop**
백화점	[디팔트먼트 스토어]	**department store**
벼룩시장	[플리 마켓]	**flea market**
선물가게	[기프트샵]	**gift shop**
식료품점	[그로서뤼 스토어]	**grocery store**
전자제품 매장	[일렉트로닉스 스토어]	**electronics store**
주류점	[리쿼샵]	**liquor shop**
안경점	[옵티컬 스토어]	**optical store**
할인매장	[디스카운트 스토어]	**discount store**
외투	[오버코웃]	**overcoat**
카디건	[카디건]	**cardigan**
속옷	[언더클로스]	**underclothes**
액세서리	[액서서뤼]	**accessory**
화장품	[코스메틱스]	**cosmetics**
스포츠용품	[스폴팅 구즈]	**sporting goods**

 Dialogue

실제 상황에서 나눌 수 있는 대화문입니다. 대화문을 한 번 읽고, 원어민 발음의
음원을 듣고 큰 소리로 따라 해보세요.

05-01-02

A 여자 친구를 위한 목걸이를 찾고 있어요.

I'm **looking for** a **necklace** for my girlfriend.

아임 룩킹 포 러 넥클레이스 포 마이 걸프렌드

B 금을 찾으세요, 아니면 은으로 찾으시나요?

Are you looking for a gold or silver one?

아 유 룩킹 포 러 골드 오얼 실버 원?

A 금목걸이요.

A gold necklace, please.

어 골드 넥클레이스, 플리즈

B 음, 이거 어떠세요? 이게 가장 인기 있는 디자인이에요.

Well, how about this? This is the **most popular** design.

웰, 하우 어바웃 디스? 디스 이즈 더 모스트 파퓰러 디자인

쇼핑하기

VOCA

looking for ~을 찾다   **necklace** 목걸이   **most** 최고의
popular 인기 있는

🖋 표현 찾아 말하기

현재 처한 상황에 필요한 표현을 찾아 빨리 말하세요.

물건 구매하기

05-01-03

○ 찾으시는 물건이 있으세요?
May I help you?
매아이 헬프 유?

○ 그냥 구경하고 있어요.
I'm just **looking around.**
아임 저스트 룩킹 어롸운드

I'm just **browsing.**
아임 저스트 브롸우징

○ 천천히 보세요.
Take your time.
테이크 유얼 타임.

○ 아들에게 줄 선물을 찾고
있어요.
I'm looking for something for
my son.
아임 루킹 포 썸띵 포 마이 썬

○ 특별히 찾는 브랜드가 있으신
가요?
Any **particular** brand?
애니 파리큘러 브랜드?

○ 여기서 노트북을 할인 판매
중이라고 들었는데요.
I **heard** laptop computers are
on sale here.
아이 헐드 랩탑 컴퓨러스 아 온 세일 히얼.

> **on sale**은 '할인판매 중'이라는 뜻이고 **for sale**은 '판매
> 중'이라는 뜻이에요.

VOCA

look around 둘러보다   **browse** 둘러보다   **particular** 특정한, 특히
heard 듣다 (hear의 과거형)

○ 죄송합니다만, 그 제품들은 다 팔렸습니다.

I'm sorry, but they're all **sold out**.
아임 쏘뤼, 벗 데이 아 올 솔드아웃.

○ 사이즈 몇 입으세요?

What size do you **wear**?
왓 사이즈 두유 웨얼?

○ 미디엄 사이즈 입어요.

I wear a medium.
아이 웨얼 어 미디엄.

○ 이거 10 사이즈 있어요?

Have you got this in size 10?
해 뷰 갓 디스 인 사이즈 텐?

○ 이거 큰 사이즈 있어요?

Do you have it in a bigger size?
두유 해브 잇 인어 비걸 사이즈?

○ 이것 입어봐도 될까요?

Can I try it on?
캔아이 트롸이 잇 온?

○ 탈의실이 어디죠?

Where is the fitting room?
웨얼 이스 더 피팅 룸?

○ 이 바지 더 있나요?

Do you have **another pair** of these pants?
두 유 해브 어나덜 페얼 오브 디즈 팬츠?

○ 이 스웨터 다른 색깔로도 있나요?

Do you have this sweater in **different** colors?
두유 해브 디스 스웨터 인 디퍼런트 컬러스?

VOCA

sold out 다 팔린, 매진된   **wear** 입다   **another** 또 하나의, 다른
pair 한 쌍, 켤레   **different** 다른

Chapter 5. 쇼핑 즐기기   135

○ 딱 좋네요.

They are just right.
데이 아 저스트 롸잇

○ 이 드레스 너무 꽉 끼네요.

This dress is too tight for me.
디스 드레스 이스 투 타잇 포 미

○ 제게 꼭 맞아요.

It fits me **perfectly**.
잇 휫츠 미 퍼펙틀리

○ 불편한데요.

I feel **uncomfortable**.
아이 휠 언컴훠터블

○ 허리 부분이 좀 여유 있으면 좋겠어요.

I need more room around the waist.
아이 니드 모얼 룸 어롸운드 더 웨이스트

○ 목 부분이 너무 조여요.

It's too **tight** around my neck.
잇츠 투 타잇 어롸운드 마이 넥

○ 소매가 너무 짧아요.

The **sleeves** are too short.
더 슬리브즈 아 투 숕

○ 저쪽 저것 좀 보여주시겠어요?

Could you show me that one there, please?
쿠 쥬 쇼우 미 댓 원 데얼, 플리즈?

VOCA

perfectly 완벽하게 **uncomfortable** 불편한 **tight** 꽉 조이는
sleeve 소매

○ 다른 것 좀 보여주시겠어요?

Could you show me another one, please?

쿠 쥬 쑈 미 어나더 원, 플리즈?

○ 어느 게 더 마음에 드세요?

Which one do you **prefer**?

위치 원 두유 프뤼풔?

○ 나 어때요?

How do I look?

하우 두 아이 룩?

○ 그 코트 입으시니 정말 멋지세요.

You look nice in that coat.

유룩 나이스 인 댓 코웃.

○ 제가 정확히 원하는 게 아니에요.

It's not **exactly** what I want.

잇츠 낫 이그젝틀리 왓 아이 원트.

○ 어떤 게 가장 인기가 많은 제품인가요?

What's the most popular model?

왓츠 더 모스트 파퓰러 마들?

○ 이 디자인 요즘 유행인가요?

Is this design **in fashion** now?

이스 디스 디자인 인 패션 나우?

VOCA

prefer 선호하다　　**exactly** 정확하게　　**in fashion** 유행인

Chapter 5. 쇼핑 즐기기　137

○ 저는 그 스타일이 별로에요. I don't really like that style.
아이 돈 륄리 라이크 댓 스타일.

○ 이 스카프 재질이 뭐죠? What is this scarf **made of**?
왓 이즈 디스 스카프 메이드 오브?

○ 이거 100% 면인가요? Is it 100% **cotton**?
이즈 잇 원헌드뤠드 펄쎈 코튼?

○ 이거 수제품인가요? Is it **hand-made**?
이즈 잇 핸드-메이드?

○ 이렇게 두 개 살게요. I'll take these two.
아일 테이크 디즈 투.

○ 이거 각각 하나씩 주세요. I'll take one of **each**.
아일 테이크 원오브 이취.

○ 이거면 되겠어요. This one will do.
디스원 윌 두.

VOCA

made of ~로 만든   **cotton** 면   **hand-made** 수제의   **each** 각각

02 계산하기

요즘은 해외에서도 대부분 신용카드를 사용하죠. 하지만 국가와 상점에 따라 현금결제만 가능한 곳도 있으니 현금도 잘 챙기세요. 또한, Can I get a discount? '좀 깎아주시겠어요?'라는 문장을 외워두면 쓸모가 있을 거예요.

계산 필수 단어

05-02-01

계산대	[카운터]	**counter**
신용카드	[크뤠딧 카드]	**credit card**
현금	[캐쉬]	**cash**
수표	[첵]	**check**
상품권	[기프트 썰티휘케잇]	**gift certificate**
쿠폰	[쿠폰]	**coupon**
할부	[인스톨먼트]	**installment**
할인	[디스카운트]	**discount**
거래	[딜]	**deal**
포장	[랩]	**wrap**
선물 포장	[기프트-랩]	**gift-wrap**
쇼핑백	[쇼핑 백]	**shopping bag**
비닐백	[플래스틱 백]	**plastic bag**
배달	[딜리버뤼]	**delivery**
보증서	[워런티]	**warranty**
영수증	[뤼씻]	**receipt**

쇼핑하기

 **Dialogue**

실제 상황에서 나눌 수 있는 대화문입니다. 대화문을 한 번 읽고, 원어민 발음의
음원을 듣고 큰 소리로 따라 해보세요.

05-02-02

A 이것 얼만가요?

How much is this?

하우 머취 이스 디스?

B 79달러 99센트입니다.

It's $79.99.

이츠 쎄버니 나인 달러스 앤 나이니 나인 센츠

> 영어 가격표를 보면 **$49.99**나 **$99.99**처럼 '몇 달러 **99**센트'가 많아요. 모든
> 상점에서 **99**센트는 거슬러주지 않고 **1**달러를 받기 때문인데요. **$49.99**인 물
> 건을 구입하면 실제 **$50**를 지불하고 **$99.99**는 **$100**를 지불해요.

A 오! 너무 비싸요. 좀 깎아주세요.

Oh! That's too **expensive**. Give me a discount.

오! 댓츠 투 익스펜씨브. 깁 미 어 디스카운트

B 이미 10% 할인가격인 걸요.

It's **already** 10% off.

잇츠 올뤠디 텐 펄센트 오프

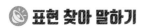 **표현 찾아 말하기**

현재 처한 상황에 필요한 표현을 찾아 빨리 말하세요.

계산하기

05-02-03

○ 이거 얼마죠?
How much is it?
하우 머취 이스 잇?

○ 이거 전부 얼마죠?
What's the **total**?
왓츠 더 토럴?

○ 한 개에 20달러입니다.
That's $20 each.
댓츠 투웨니 달러스 이취

○ 더 싸게 안 되나요?
Can you make it **cheaper**?
캔유 메이크 잇 칩퍼?

○ 더 싼 거 있어요?
Do you have anything cheaper?
두 유 해브 애니띵 칩퍼?

○ 얼마나 싸게 줄 수 있어요?
How **low** can you go?
하우 로우 캔 유 고?

○ 공짜 샘플 몇 개 드릴게요.
I'll give you some free samples.
아일 기브 유 썸 프리 샘플스

○ 하나 사시면 하나 더 드려요.
Buy one and get one free.
바이 원 앤 겟 원 프리

VOCA

total 총, 합계의   **cheaper** 더 싼   **low** 낮은

쇼핑하기

Chapter 5. 쇼핑 즐기기   141

○ 현금으로 하면 할인 되나요?   Do you offer a **cash discount**?
두 유 오퍼 어 캐쉬 디스카운트?

○ 10% **깎아드릴게요.**   I'll give you a 10% discount.
아일 기브 유 어 텐 펄쎈 디스카운트

○ 30달러 낼게요. 더는 못내요!   I'll pay $30. No more!
아일 페이 써리 달러스 노 모엘!

○ 완전 바가지군요.   That's a **rip-off**.
댓츠 어 립 오프

○ 거스름돈 덜 주신 것 같네요.   I think I got **short-changed**.
아이 띵크 아이 갓 숄트-체인쥐드

○ 비자카드로 계산해주세요.   Put it on my Visa, please.
풋 잇 온 마이 비자, 플리즈

○ 영수증 주세요.   Receipt, please.
뤼씻 플리즈

VOCA

cash discount 현금할인   **rip off** 바가지, 바가지 씌우다
short-changed 거스름돈을 덜 받은

포장이나 배달 요청

○ 각각 따로 포장해주세요.

Wrap them **separately**, please.
랩 뎀 쎄퍼뤠잇리. 플리즈.

○ 포장비를 내야 하나요?

Do you charge for wrapping?
두 유 차지 포 랩핑?

○ 선물용으로 포장해주세요.

Gift-wrap it, please.
기프트-랩 잇. 플리즈.

○ 호텔로 배달해줄 수 있어요?

Can you **deliver** it to my hotel?
캔유 딜리벌 잇 투 마이 호텔?

○ 내일 아침까지 필요해요.

I'll need it by tomorrow morning.
아일 니드 잇 바이 투모로 모닝.

○ 이 주소로 보내주세요.

Send it to this address, please.
센드 잇 투 디스 어드뤠스. 플리즈.

○ 항공우편으로 부탁해요.

By **air mail**, please.
바이 에어메일. 플리즈.

> '선박우편'은 **sea mail**이라고 해요.

VOCA

separately 따로따로 **gift-wrap** 선물용으로 (예쁘게) 포장하다
deliver 배달하다 **air mail** 항공우편

물건 구입 후 제품에 문제가 있거나 마음에 들지 않으면 교환이나 환불을 해야
겠죠? 교환하거나 환불을 받으려면 반드시 영수증이 필요하니 잘 보관하세요.

교환 · 환불 필수 단어

05-03-01

얼룩	[스테인]	**stain**
찢어지다	[테얼]	**tear**
흠집	[스크래치]	**scratch**
고장	[브뤠익 다운]	**breakdown**
금이 가다	[크랙]	**crack**
색깔	[컬러]	**color**
문제	[프러블럼]	**problem**
결함	[디펙트]	**defect**
결함이 있는	[포울티]	**faulty**
교환	[익스체인지]	**exchange**
교환권	[스토어 크뤠딧]	**store credit**
반품하다	[뤼턴]	**return**
환불	[뤼펀드]	**refund**
전액 환불	[풀 뤼펀드]	**full refund**
카드 승인취소	[캔슬 어 카드 어프루벌]	**cancel a card approval**
분실	[로스]	**loss**

 **Dialogue**

실제 상황에서 나눌 수 있는 대화문입니다. 대화문을 한 번 읽고, 원어민 발음의
음원을 듣고 큰 소리로 따라 해보세요.

05-03-02

A 이거 어제 샀는데요, 다른 것으로 교환하고 싶어요.

I bought it yesterday, but I'd like to **exchange** it.

아이 보웃 잇 예스터데이, 벗 아이드 라이크 투 익스체인쥐 잇

B 어떤 문제인지 말씀해주시겠어요?

Could you tell me what the **problem** is?

쿠쥬 텔미 왓 더 프로블럼 이스?

A 여기 얼룩이 있어요.

There are **stains** here.

데얼 아 스테인스 히얼

> **dirty** 더러운 / **damaged** 흠집이 있는 / **cracked** 금이 간 / **broken** 망가진

B 아, 죄송합니다. 영수증 가지고 오셨나요?

Oh, sorry. Did you bring the receipt?

오, 쏘릐 디쥬 브링 더 뤼씻?

A 네. 여기요.

Sure. Here you are.

슈어 히얼 유아

VOCA

exchange 교환하다   **problem** 문제, 문제점   **stain** 얼룩

Chapter 5. 쇼핑 즐기기   **145**

📎 표현 찾아 말하기

현재 처한 상황에 필요한 표현을 찾아 빨리 말하세요.

교환하기

05-03-03

○ 이걸 새것으로 교환하고 싶어요.
I'd like to exchange it for a new one.
아이드 라이크 투 익스체인쥐 잇 포 러 뉴 원

○ 이 부분이 찢어졌어요.
This part is **torn**.
디스 팔트 이스 토언

○ 색상이 마음에 안 들어요.
I don't like the color.
아이 돈 라이크 더 컬러

○ 너무 헐거워요.
They are too **loose** for me.
데이 아 투 루즈 포 미

○ 작동이 안 돼요.
It's not working.
잇츠 낫 월킹

○ 제가 한번 볼게요.
Let me have a look, please.
렛 미 해브 어 룩, 플리즈

○ 그때는 몰랐어요.
I didn't **notice at that time**.
아이 디든 노리스 앳 댓 타임

VOCA

torn 찢어진   **loose** 헐거운   **notice** ~을 인지하다, 알아채다
at that time 그때

반품이나 환불하기

05-03-04

○ 반품을 하고 싶어요.

I'd like to make a **return**.
아이드 라이크 투 메이크 어 뤼턴.

○ 환불받을 수 있어요?

Can I get a **refund**?
캔 아이 겟 어 뤼펀드?

○ 부품 3개가 없어요.

Three parts are **missing**.
쓰뤼 팔츠 아 미씽.

○ 사용하셨나요?

Have you used it?
해브 유 유스드 잇?

○ 박스도 안 열었어요.

I didn't **even** open the box.
아이 디든 이븐 오픈 더 박스.

○ 환불은 해드릴 수 없지만
교환은 가능합니다.

We can't give you a refund,
but we can **replace** it for you.
위 캔트 기브 유 어 뤼펀드, 벗 위 캔 뤼플레이스 잇
포 유.

○ 영수증 좀 주시겠어요?

May I have the receipt, please?
매 아이 해브 더 뤼씻 플리즈?

VOCA

return 반품하다, 돌려주다   **refund** 환불   **missing** 실종된, 빠진
even ~조차   **replace** 대체하다

· 시간 읽기

three o'clock
3시
[쓰리 오클락]

two twenty / twenty past two
2시 20분
[투 투웨니 / 투웨니 패스트 투]

four fifteen / a quarter past four
4시 15분
[포 휘프틴 / 어 쿼러 패스트 포]

five thirty / half past five
5시 30분
[화이브 써리 / 하프 패스트 화이브]

one forty / twenty to two
1시 40분 / 2시 20분 전
[원 포리 / 트웨니 투 투]

two forty five / a quarter to three
2시 45분 / 3시 15분 전
[투 포리 화이브 / 어 쿼러 투 쓰리]

· 숫자

a half 절반
[어 하프]

one third 3분의 1
[원 써드]

a quarter 4분의 1
[어 쿼러]

double 두 배
[더블]

triple 세 배
[트뤼플]

once 한번
[원스]

twice 두 번
[트와이스]

three times 세 번
[쓰뤼 타임즈]

· 시간

time 시간
[타임]

one hour 1시간
[원 아워]

two hours 2시간
[투 위월스]

minute 분
[미닛]

ten minutes 10분
[텐 미닛츠]

second 초
[세컨]

ten seconds 10초
[텐 세컨즈]

A.M. 오전
[에이엠]

P.M. 오후
[피엠]

· 방향

north 북쪽 [노쓰]

northern 북쪽의 [노던]

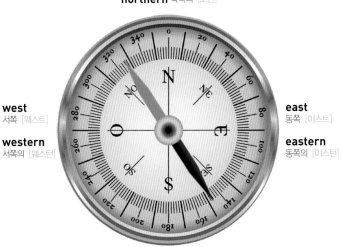

west
서쪽 [웨스트]

western
서쪽의 [웨스턴]

east
동쪽 [이스트]

eastern
동쪽의 [이스턴]

south 남쪽 [싸우스]

southern 남쪽의 [써던]

CHAPTER 06
식당 · 카페 이용하기

현지 맛집을 찾아 음식을 먹는 것도 여행의 큰 즐거움이죠. 요즘은 SNS를 통해 맛집 정보를 쉽게 구할 수 있으니 여행지의 유명한 맛집을 놓치지 말고 경험하세요. 이번에는 여행지의 음식문화와 현지음식을 즐기는 데 필요한 표현을 알아볼게요.

챕터 06 음원 유튜브로 듣기

★ 요것만 알아도 굶어 죽지 않아요!

06-00-01

○ **_____ 있어요?**

Do you have _____ ?

두유 해브 _____ ?

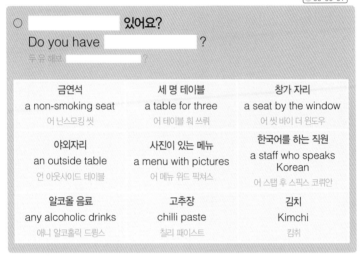

금연석	세 명 테이블	창가 자리
a non-smoking seat	a table for three	a seat by the window
어 난스모킹 씻	어 테이블 훠 쓰뤼	어 씻 바이 더 윈도우
야외자리	사진이 있는 메뉴	한국어를 하는 직원
an outside table	a menu with pictures	a staff who speaks Korean
언 아웃사이드 테이블	어 메뉴 위드 픽쳐스	어 스탭 후 스픽스 코뤼안
알코올 음료	고추장	김치
any alcoholic drinks	chilli paste	Kimchi
애니 알코홀릭 드륑스	칠리 페이스트	킴취

06-00-02

○ **_____ 주세요.**

_____ , please.

_____ , 플리즈

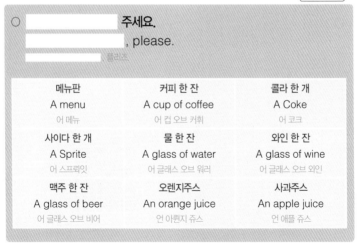

메뉴판	커피 한 잔	콜라 한 개
A menu	A cup of coffee	A Coke
어 메뉴	어 컵 오브 커휘	어 코크
사이다 한 개	물 한 잔	와인 한 잔
A Sprite	A glass of water	A glass of wine
어 스프롸잇	어 글래스 오브 워러	어 글래스 오브 와인
맥주 한 잔	오렌지주스	사과주스
A glass of beer	An orange juice	An apple juice
어 글래스 오브 비어	언 아륀지 쥬스	언 애플 쥬스

◉ 06-00-03

○   **주시겠어요?**

Could I have   , please?

쿠드 아이 해브   플리즈?

나이프	포크	젓가락	접시 한 개 더
a knife	a fork	chopsticks	an extra plate
어 나이프	어 포크	찹스틱스	언 엑스트라 플래잇
샐러드 더	스프 더	물잔	냅킨
more salad	more soup	a water glass	napkins
모얼 샐러드	모얼 숩	어 워러 글래스	냅킨스
설탕 조금	소금 조금	후추 조금	드레싱 조금
some sugar	some salt	some pepper	some dressing
썸 슈거	썸 쏠트	썸 페퍼	썸 드뤠싱

Delicious!

◉ 06-00-04

○ **음식이**   **해요.**

It's   .

잇츠

맛있는	(환상적으로) 맛있는	맛없는	아주 맛없는
delicious	fantastic	tasteless	terrible
딜리셔스	환타스틱	테이스트레스	테뤼블
싱거운	부드러운	짠	단
bland	mild	salty	sweet
블랜드	미일드	쏠티	스윗
매운	매콤한	쓴	신
hot	spicy	bitter	sour
핫	스파이시	비터	사우어

요즘은 누구나 스마트폰을 이용해 맛집을 쉽게 찾을 수 있죠. 그 지역 특산물이나 처음 맛보는 맛집 경험을 놓치지 마세요.

식당에서 필수 단어

🔊 06-01-01

아침식사	[블랙퍼스트]	**breakfast**
점심식사	[런취]	**lunch**
저녁식사	[디너]	**dinner**
야식	[써퍼]	**supper**
간식	[스넥]	**snack**
배고픈	[헝그뤼]	**hungry**
죽을 만큼 배고프다.	[아임 스탈빙]	**I'm starving.**
패스트푸드	[패스트푸드]	**fast food**
불량식품	[정크푸드]	**junk food**
과식	[오버이링]	**overeating**
요리	[디쉬]	**dish**
요리사	[셰프]	**chef**
예약	[뤠저베이션]	**reservation**
대기자명단	[웨이링 리스트]	**waiting list**
일행	[컴퍼니]	**company**
합석	[셰얼 어 테이블]	**share a table**

 **Dialogue**

실제 상황에서 나눌 수 있는 대화문입니다. 대화문을 한 번 읽고, 원어민 발음의
음원을 듣고 큰 소리로 따라 해보세요.

06-01-02

(A) 맛집 좀 추천해주세요.

Recommend a good restaurant, please.

뤠커멘드 어 굿 뤠스토랑, 플리즈

> 추천을 부탁할 때 **Could you recommend~**를 사용하기도 해요.

(B) 뭐 먹고 싶어요?

What do you want to eat?

왓 두 유 원 투 잇?

(A) 뭔가 가벼운 음식을 먹고싶어요.

I want to have something **light**.

아이 원 투 해브 썸띵 라잇

(B) 채소 오믈렛 어때요?

What about a **vegetable omelet**?

왓 어바웃 어 베쥐터블 오믈렛?

(A) 맛있겠네요!

That sounds good!

댓 사운즈 귿

> **That sounds good!**은 직역하면 '듣기 좋은 소리네'이고 상대방의 말에 동
> 의하는 의미로 쓰이는 표현이에요.

VOCA

recommend 추천하다   **light** 가벼운   **vegetable** 채소   **omelet** 오믈렛

🌀 표현 찾아 말하기

현재 처한 상황에 필요한 표현을 찾아 빨리 말하세요.

식당 예약하기

06-01-03

○ 네 명 자리를 예약하고 싶은데요.

I'd like to reserve a table for four, please.
아이드 라이크 투 뤼저브 어 테이블 푸 포, 플리즈.

○ 오늘 밤 자리를 예약하고 싶어요.

I'd like to **make a reservation** for tonight.
아이드 라이크 투 메이크 어 뤼저베이션 포 투나잇.

○ 복장에 규제가 있나요?

Is there a **dress code**?
이스 데얼 어 드뤠스 코드?

○ 몇 시에 오시나요?

What time are you coming?
왓 타임 아 유 커밍?

○ 몇 분이십니까?

How many in your **party**?
하우 매니 인 유어 파리?

○ 성함과 전화번호를 말씀해주시겠어요?

May I have your name and phone number, please?
매아이 해브 유어 네임 앤 폰 넘버, 플리즈?

○ 예약을 취소하고 싶은데요.

I'd like to **cancel** my reservation.
아이드 라이크 투 캔슬 마이 뤼저베이션.

VOCA

make a reservation 예약하다　**dress code** 복장규정
party (여행, 방문 등을 함께하는) 단체, 일행　**cancel** 취소하다

식당 찾기

06-01-04

○ 가장 가까운 식당이 어디죠?
Where's the nearest restaurant?
웨얼스 더 니어뤼스트 레스토랑?

○ 이 근처에 맛있는 식당이
있나요?
Are there any good restaurants
around here?
아 데얼 애니 굿 뤠스토랑 어롸운드 히어?

○ 이 지역 요리를 먹고 싶어요.
I'd like to try some **local food**.
아이드 라이크 투 트롸이 썸 로컬 푸드

○ 이곳은 뭐로 유명한가요?
What is this place **famous** for?
왓 이스 디스 플레이스 풰이머스 포?

○ 맥도널드가 어디 있나요?
Where can I find a McDonald's?
웨얼 캔아이 화인드 어 맥도널즈?

○ 한국식당이 어디 있는지 알려
주시겠어요?
Could you tell me where a
Korean restaurant is?
쿠 쥬 텔 미 웨얼 어 코뤼안 뤠스토랑 이스?

○ 거기 국수도 팔아요?
Can I have some **noodles**
there?
캔아이 해브 썸 누들스 데얼?

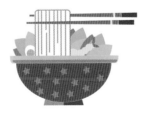

VOCA

local food 현지음식　　**famous** 유명한　　**noodle** 국수

식당에 가서

○ 진킴이라는 이름으로 예약했 어요.

I booked a table **under the name of** Jin Kim.
아이 북트 어 테이블 언더 더 네임 오브 진킴

○ 예약은 안 했어요.

I don't have a reservation.
아이 돈 해브 어 뤠져베이션

○ 대기자명단에 올려주세요.

Put me on the waiting list, please.
풋 미 온 더 웨이링리스트, 플리즈

○ 얼마나 기다려야 하나요?

How long do I have to **wait**?
하우 롱 두 아이 해브 투 웨잇?

○ 4인용 테이블 부탁합니다.

A table for four, please.
어 테이블 포 포, 플리즈

○ 창가 자리로 주실 수 있나요?

Can I get a table by the window, please?
캔 아이 겟 어 테이블 바이 더 윈도우, 플리즈?

○ 이 자리는 예약석입니다.

This table is reserved.
디스 테이블 이스 뤼져브드

VOCA

under the name of~ ~라는 이름으로   **wait** 기다리다

메뉴판을 보고 음식을 정한 후 주문을 해야 하는데, 궁금한 메뉴는 종업원에게 물어봐야겠죠? 지금부터 주문하는 데 필요한 표현을 배워볼게요.

주문하기 필수 단어

06-02-01

주문	[오더]	**order**
전채요리	[애피타이저]	**appetizer**
추천요리	[뤠커멘디드 디쉬]	**recommended dish**
오늘의 특선요리	[투데이스 스페셜]	**today's special**
후식	[디절트]	**dessert**
덜 익힌	[뤠어]	**rare**
중간으로 익힌	[미디엄]	**medium**
바싹 익힌	[웰던]	**well-done**
소금	[솔트]	**salt**
설탕	[슈거]	**sugar**
후추	[페퍼]	**pepper**
포장	[테이크 아웃]	**take out**
커피 캐리어	[커퓌 캐뤼어]	**coffee carrier**
리필	[뤼휠]	**refill**
계피	[시나먼]	**cinnamon**
휘핑크림	[윕트 크륌]	**whipped cream**

식당 · 카페

🌀 Dialogue

실제 상황에서 나눌 수 있는 대화문입니다. 대화문을 한 번 읽고, 원어민 발음의 음원을 듣고 큰 소리로 따라 해보세요.

06-02-02

A 주문하시겠어요?

May I take your **order**, please?
매아이 테이크 유어 오더, 플리즈?

B 티본스테이크와 으깬 감자로 주세요.

I'd like a T-bone steak with mashed potatoes.
아이드 라이크 어 티 본 스테익 위드 매쉬드 포테이로스.

A 스테이크는 어떻게 해드릴까요?

How would you like your steak?
하우 우쥬 라이크 유어 스테익?

B 약간 덜 익혀주세요.

Medium rare, please.
미디엄 뤠어, 플리즈.

VOCA

order 주문, 명령   **medium rare** 약간 덜 익힌

🍳 표현 찾아 말하기

현재 처한 상황에 필요한 표현을 찾아 빨리 말하세요.

음식 주문하기

06-02-03

○ 주문하시겠어요?

May I take your order?
메아이 테이크 유어 오더?

○ 주문할 준비가 되셨나요?

Are you ready to order?
아 유 뤠디 투 오더?

○ 지금 주문할까요?

Can I order **now**?
캔아이 오더 나우?

○ 먼저 물 좀 주세요.

Please, get me some water first.
플리즈 겟 미 썸 워러 훨스트

○ 오늘 뭐가 좋아요?

What's good today?
왓츠 굿 투데이?

○ 오늘의 특선요리가 뭔가요?

What's today's special?
왓츠 투데이스 스페셜?

○ 무엇을 추천하시나요?

What do you **recommend**?
왓 두 유 뤠커멘드?

○ 무엇으로 주문하실지 결정하셨나요?

Have you **decided** what to order?
해브 유 디사이디드 왓 투 오덜?

VOCA

now 지금　recommend 추천하다　decide 결정하다

○ 이건 맛이 어때요?   What does it **taste** like?
왓 더즈 잇 테이스트 라이크?

○ 이건 어떻게 요리된 건가요?   How is it cooked?
하우 이즈 잇 쿡트?

boiled 끓인 / **roasted** 불에 구운 / **steamed** 증기로 쪄낸 / **grilled** 그릴에 구운 / **smoked** 훈제한

○ 메뉴를 다시 보여주시겠어요?   Can I see the menu again?
캔아이 씨 더 메뉴 어게인?

○ 이미 주문했어요. 감사합니다.   I'm being served. Thanks.
아임 비잉 써브드. 땡스

○ 같은 걸로 주세요.   I'll have the **same**.
아일 해브 더 쎄임

○ 저 여성이 먹는 걸로 주세요.   I'll have what she is having.
아일 해브 왓 쉬 이즈 해빙

다른 사람이 먹는 것과 같은 걸 주문할 때 그 사람을 살짝 가리키며 사용할 수 있어요.

○ 저는 견과류에 알레르기가 있어요.   I'm **allergic to** nuts.
아임 알러직 투 넛츠

VOCA

taste ~맛이 나다   **same** 같은, 동일한   **allergic to** ~에 알레르기가 있는

162   Must Have 여행영어

○ 달걀을 어떻게 해드릴까요?　　　How would you like your eggs?
　　　　　　　　　　　　　　　　하우 우 쥬 라이크 유어 에그스?

○ 반숙으로 해주세요.　　　　　　Sunny side up, please.
　　　　　　　　　　　　　　　　써니 사이드 업, 플리즈.

> 양쪽을 다 익히되 노른자는 익히지 않는 것을 **over easy**
> [오버이지]라고 해요.

○ 바싹 구워주세요.　　　　　　　**Well-done**, please.
　　　　　　　　　　　　　　　　웰-던, 플리즈.

○ 덜 익혀주세요.　　　　　　　　**Rare**, please.
　　　　　　　　　　　　　　　　뤠어, 플리즈.

○ 디저트는 뭐로 하시겠어요?　　What would you like for
　　　　　　　　　　　　　　　　dessert?
　　　　　　　　　　　　　　　　왓 우 쥬 라이크 포 디저트?

○ 딸기케이크 한 조각 주세요.　　I'd like to have a **piece** of
　　　　　　　　　　　　　　　　strawberry cake, please.
　　　　　　　　　　　　　　　　아이드 라이크 투 해브 어 피스 오브 스트로베뤼 케익,
　　　　　　　　　　　　　　　　플리즈.

○ 더 필요한 거 있으세요?　　　　Anything **else**?
　　　　　　　　　　　　　　　　애니띵 엘스?

VOCA

well-done 완전히 익은　　**rare** 덜 구워진, 설익은　　**piece** (한) 조각, 개
strawberry 딸기　　**else** 또 다른

커피 주문하기

○ 롱블랙 한 잔 주시겠어요?

Can I have a long black?
캔아이 해브 어 롱블랙

> 호주와 영국에서는 아메리카노를 **long black**, 에스프레소는 **short black**이라고 해요.

○ 미디엄(라지/그란데)으로 주세요.

Medium(Large/Grande), please.
미디엄(라아지/그란데), 플리즈

○ 생크림을 올려주세요.

I'd like **whipped cream** on top.
아이드 라이크 휩트 크림 온 탑.

○ 우유를 좀 넣어주세요.

Please, **add** some milk.
플리즈, 애드 썸 밀크

○ 계피가루를 넣어주세요.

Add **cinnamon powder**, please.
애드 시나몬파우더, 플리즈

○ 너무 뜨거워요.

It's so hot.
잇츠 쏘 핫

○ 종이캐리어 하나 주시겠어요?

Can I have a paper carrier, please?
캔아이 해브 어 페이퍼 캐리어, 플리즈?

VOCA

whipped cream 거품크림 **add** 더하다 **cinnamon** 계피 **powder** 가루

술 주문하기

○ 마실 것 좀 드릴까요?

Would you like something to drink?

우 쥬 라이크 썸띵 투 드링크?

○ 와인리스트 보여주시겠어요?

Can I get the wine list, please?

캔 아이 겟 더 와인리스트, 플리즈?

○ 어떤 종류의 맥주가 있나요?

What kind of beer do you have?

왓 카인드 오브 비어 두유 해브?

○ 제가 한 잔 살게요.

I'll buy you a drink.

아일 바이 유 어 드링크

○ 스카치위스키 얼음 넣어서 주세요.

Scotch on the rocks, please.

스카치 온 더 락스, 플리즈

> 얼음 없이 마시는 건 **straight** [스트레이트]라고 해요

○ 생맥주 두 잔 주세요.

Two glasses of draft beer, please.

투 글래시스 오브 드레프트 비어, 플리즈

> **cheers!** 건배! / **bottoms up!** 원샷

○ 이건 무료로 드리는 겁니다.

It's **on the house**.

잇츠 온 디 하우스

VOCA

what kind of 어떤 종류의~   **on the house** (서비스로) 무료로 주는

Chapter 6. 식당 • 카페 이용하기   165

03 식사하고 계산하기

나라마다 식사예절은 상당히 다르죠. 음식을 남기는 게 미덕인 나라도 있고, 깨끗하게 먹어야 음식에 대한 찬사라고 여기는 나라도 있으니까요. 지금부터 식사를 하고 계산을 할 때까지 유용하게 쓰이는 표현들을 배워보겠습니다.

식사와 계산하기 필수 단어

06-03-01

맛	[테이스트]	**taste**
맛이 있는	[딜리셔스]	**delicious**
맛이 없는	[테이스트레스]	**tasteless**
싱거운	[블랜드]	**bland**
짠	[쏠티]	**slaty**
매운	[스파이시]	**spicy**
쓴	[비터]	**bitter**
설익은	[해프 쿡트]	**half-cooked**
(불에) 탄	[번트]	**burnt**
남은 음식	[레프트오벌스]	**leftovers**
남은 음식 싸는 봉지	[도기백]	**doggie bag**
계산서	[빌]	**bill**
계산대	[카운터]	**counter**
지불	[페이먼트]	**payment**
선불하다	[페이 인 어드밴스]	**pay in advance**
영수증	[뤼씻]	**receipt**

 **Dialogue**

실제 상황에서 나눌 수 있는 대화문입니다. 대화문을 한 번 읽고, 원어민 발음의
음원을 듣고 큰 소리로 따라 해보세요.

06-03-02

A 닭고기 맛이 어때요?

How's your chicken?

하우스 유어 치킨?

B 아주 맛있어요.

It's really nice.

잇츠 륄리 나이스.

A 한 입 먹어봐도 돼요?

Can I **take a bite**?

캔아이 테이크 어 바잇?

B 그럼요. 먹어봐요.

Of course. Try some.

오브 코올스 트롸이 썸.

A 정말 맛있네요!

It's **fantastic**!

잇츠 환타스틱!

VOCA

take a bite 한 입 먹어보다 **fantastic** 환상적인, 기막히게 좋은

🌀 표현 찾아 말하기

현재 처한 상황에 필요한 표현을 찾아 빨리 말하세요.

음식 맛 표현하기

06-03-03

○ 맛이 어때요?

How does it **taste**?
하우 더즈 잇 테이스트?

○ 맛있어요!

It's **delicious**!
잇츠 딜리셔스!

○ 이거 덜 익었어요.

It's **undercooked**.
잇츠 언더쿡트.

○ 이 고기 너무 질겨요.

This meat is too **tough**.
디스 밋 이스 투 터프.

○ 맛이 색다르네요.

It's **different**.
잇츠 디퍼런트.

> 음식이 맛없다면 **It's terrible.** '맛이 끔찍해.' 보다는 **It's different.** '맛이 색달라요.'라고 완곡하게 표현하세요.

○ 맛이 이상해요.

It tastes **strange**.
잇 테이스트 스트레인지.

> **funny** 우스운, 괴상한 / **oily** 기름진 / **salty** 짠 / **bland** 싱거운 / **sweet** 단 / **bitter** 쓴 / **hot** 매운 / **spicy** 매콤한 / **sour** 신

○ 너무 느끼해요.

It's too **greasy**.
잇츠 투 그뤼지.

VOCA

taste 맛이 나다   **delicious** 맛이 있는   **undercooked** 덜 익은   **tough** 질긴, 거친   **different** 다른, 색다른   **strange** 이상한, 낯선   **greasy** 기름기가 많은

부탁과 요청하기

○ 내 음식이 아직 안 나왔어요.

My food hasn't **arrived yet**.
마이 푸드 해즌 얼라이브드 옛

○ 이건 제가 주문한 게 아닌데요.

This is not what I **ordered**.
디스 이스 낫 왓 아이 오덜드

○ 설탕 좀 건네줄래요?

Could you pass me the sugar?
쿠 쥬 패스 미 더 슈거?

○ 이건 어떻게 먹는 거죠?

How do I eat this?
하우 두 아이 잇 디스?

○ 나이프 하나 더 주시겠어요?

May I have **another** knife, please?
매아이 해브 어나더 나이프, 플리즈?

○ 포크를 떨어뜨렸어요.

I **dropped** my fork.
아이 드랍트 마이 포올크

○ 물 좀 주세요.

Water, please.
워러 플리즈

VOCA

arrive 도착하다 **yet** 아직 **order** 주문하다 **another** 다른, 또
drop 떨어뜨리다

○ 이거 데워주시겠어요?

Could you **warm** it **up**, please?

쿠 쥬 웜 잇 업, 플리즈?

○ 이거 너무 익었어요.

This is **overcooked**.

디스 이스 오버쿡트.

○ 테이블 좀 치워주세요.

Clear the table, please.

클리어 더 테이블, 플리스.

○ 디저트는 뭘로 하시겠어요?

What would you like for dessert?

왓 우 슈 라이크 포 디절트?

○ 디저트 메뉴가 있나요?

Do you have a dessert menu?

두 유 해브 어 디절트 메뉴?

○ 저는 아이스크림으로 할게요.

I'd like some ice cream.

아이드 라이크 썸 아이스크림.

○ 남은 것 싸주시겠어요?

Can I get it in a **doggie bag**?

캔 아이 겟 잇 인 어 도기백?

VOCA

warm up 따뜻하게 하다, 데우다   **overcooked** 너무 익힌   **clear** 치우다
doggie bag 남은 음식을 싸가는 봉지

계산하기

○ 이번엔 내가 살게요.

I'm **buying** this time.
아임 바잉 디스타임

○ 내가 한 턱 낼게요.

It's my **treat**.
잇츠 마이 트릿

○ 각자 냅시다.

Let's **go dutch**.
렛츠 고 더취

○ 계산서 주세요.

Check, please.
체크, 플리즈

○ 제 몫이 얼마죠?

How much is my **share**?
하우 머취 이스 마이 쉐어?

○ 따로 계산된 계산서 주세요.

Separate checks, please.
쎄퍼뤠잇 첵스, 플리즈

○ 총 합계가 얼마죠?

What's the total?
왓츠 더 토랄?

식당 · 카페

VOCA

buy 사다　**treat** 대접, 한턱　**go dutch** 더치페이하다　**share** 몫, 분담
separate 따로따로의

Chapter 6. 식당 · 카페 이용하기　**171**

○ 총 45달러입니다.

That'll be $45.
댓일 비 포리화이브 달러스.

○ 이 신용카드 받으세요?

Do you **accept** this card?
두 유 억쎕트 디스 카드?

○ 팁이 포함된 가격인가요?

Is the tip **included**?
이스 더 팁 인크루디드?

○ 이건 무슨 비용이죠?

What's this for?
왓츠 디스 포?

○ 계산서에 오류가 있는 것 같은데요.

There is a **mistake** in the billing.
데얼 이스 어 미스테이크 인 더 빌링.

○ 잔돈은 됐습니다.

Keep the change.
킵 더 체인쥐.

○ 영수증 주세요.

Receipt, please.
뤼씻 플리즈

VOCA

accept 받아들이다   **include** 포함하다   **mistake** 실수, 오류

04 패스트푸드 식당

간편하게 한 끼 해결할 수 있는 패스트푸드 식당은 여행자가 자주 찾는 식당이죠. 이번에는 패스트푸드 식당에서 주문하고 식사하는 데 필요한 표현을 알아볼게요.

패스트푸드 필수 단어

06-04-01

세트메뉴	[콤보]	**combo**
가지고 가다	[테이크아웃]	**take out**
여기서 먹다	[잇 히얼]	**eat here**
햄버거	[햄버거]	**hamburger**
핫도그	[핫독]	**hot dog**
감자튀김	[프렌치 프라이스]	**french fries**
콜라	[코우크]	**coke**
사이다	[스프라잇]	**sprite**
밀크쉐이크	[밀크쉐익]	**milk shake**
아이스크림	[아이스크림]	**ice cream**
쟁반	[트레이]	**tray**
얼음	[아이스]	**ice**
빨대	[스트뤄우]	**straw**
도넛	[도우넛]	**doughnut**
샐러드	[샐러드]	**salad**
간식	[스낵]	**snack**

 **Dialogue**

실제 상황에서 나눌 수 있는 대화문입니다. 대화문을 한 번 읽고, 원어민 발음의
음원을 듣고 큰 소리로 따라 해보세요.

A 주문하시겠어요?

May I take your order?

메이아이 테이크 유어 오더?

B 치즈버거 한 개 양파 빼고 주세요.

I'd like a cheese burger with no **onions**.

아이드 라이크 어 치스버거 위드 노 어니언스.

A 음료는 뭘로 하시겠어요?

What would you like to drink?

왓 우 쥬 라익 투 드링크?

B 얼음 없이 콜라 하나요.

A coke **without** ice.

어 코크 위드아웃 아이스

A 가져가세요, 아니면 여기서 드세요?

To go or eat it here?

투고 오얼 잇 잇 히얼?

B 여기서 먹을 거예요.

I'll have it here.

아일 해브 잇 히얼.

VOCA

onion 양파   **without** ~없이   **to go** (식당에서 먹지 않고) 가지고 가다

표현 찾아 말하기

현재 처한 상황에 필요한 표현을 찾아 빨리 말하세요.

패스트푸드 주문하기

06-04-03

○ 무엇으로 주문하시겠어요?

What would you like?
왓 우쥬 라이크?

○ 세트 메뉴는 어떤 종류가
있어요?

What kind of combos do you have?
왓 카인드 오브 콤보스 두 유 해브?

○ 8번으로 주시겠어요?

Can I have number 8, please?
캔아이 해브 넘버 에잇 플리즈?

○ 베이컨 버거와 밀크쉐이크
주세요.

I'll have a bacon burger and a milkshake.
아일 해브 어 베이컨버거 앤 어 밀크쉐이크

○ 케첩 많이 뿌려주세요.

Lots of ketchup, please.
랏츠 오브 켓첩, 플리즈

○ 겨자 빼주세요.

No **mustard**, please.
노 머스터드, 플리즈

○ 양상추를 더 넣어주세요.

Add more **lettuce**, please.
애드 모어 레러스, 플리즈

VOCA

lots of 많은   **mustard** 겨자   **add** 더하다   **lettuce** 양상추

○ 여기서 드세요, 아니면
가져가시나요?

For here or to go?

포 히얼 오얼 투 고우?

○ 더블치즈버거 2개 포장이요.

Two **double** cheese burgers
to go, please.

투 더블 치스버거스 투 고, 플리스.

○ 감자튀김이 뜨겁지 않아요.

French fries are not hot
enough.

후렌치 후라이스 아 낫 핫 이너프.

○ 치킨이 덜 익었어요.

This chicken is **half-cooked**.

디스 치킨 이스 해프 쿡트.

○ 이건 내가 주문한 음식이
아닌데요.

This is not what I ordered.

디스 이즈 낫 왓 아이 오덜드.

○ 케첩 좀 더 주시겠어요?

Can I have more ketchup,
please?

캔 아이 해브 모어 케첩, 플리즈?

○ 빨대 어디 있나요?

Where can I find a **straw**?

웨얼 캔 아이 파인드 어 스트뤄우?

VOCA

double 두 개의, 두 배의   **enough** 충분한   **half-cooked** 설익은
straw 빨대

· 외국의 팁 문화

외국, 특히 미국에서 팁은 받은 서비스에 대해 당연히 내는 대가예요. 고급식당은 물론 일반 식당까지 모두 팁을 지불해야 하죠. 법으로 정해지지는 않았지만 완전히 정착된 문화이므로 팁을 내지 않으면 이상한 사람으로 보여요.

보통 식당, 카페는 음식 값의 10~15%를 계산할 때 함께 건네죠. 호텔은 짐을 옮겨주는 포터에게는 1달러, 방을 청소해주는 룸메이드에게는 매일 1달러 정도를 보이는 곳에 두어요.

[팁 간단 정리]

- 일반적으로 전체 가격에 10%~20% 지불해요.
- 최근 유럽은 한국처럼 가격에 서비스료를 포함하는 경우도 있으니, 포함된 경우는 팁을 지불하지 않아요.
- 패스트푸드 식당이나 셀프서비스 식당은 팁을 지불할 필요 없어요.
- 짐을 옮기거나 도와주는 도움을 받으면 성의 표시를 해야 해요.
- 레스토랑은 테이블마다 담당 서버가 있고, 고객이 아직 가지 않아도 담당자의 교대시간이 되면 팁을 요구하기도 해요.

CHAPTER 07
우체국 · 은행 · PC방
이용하기

해외에서 우체국을 이용하거나, 은행에서 송금을 하거나 받기도 하고, 환전도 해야 하죠. 또 정보 검색을 위해서 PC방을 찾기도 해요. 이번에는 이러한 상황에 필요한 표현들을 알아볼게요.

챕터 07 음원 유튜브로 듣기

07-00-01

하고 싶어요.

I'd like to _____ .

아이드 라이크 투

이 소포를 부치다	이 엽서를 보내다	500달러를 예금하다
mail this package	send this postcard	deposit $500
메일 디스 패키지	센드 디스 포스트카드	디파짓 화이브 헌드레드 달러스
300달러를 출금하다	450달러를 한국으로 송금하다	인터넷을 사용하다
withdraw $300	remit $450 to Korea	use the Internet
윗드러우 쓰뤼 헌드뤠드 달러스	뤼밑 포 헌드뤠드 휘프티 달러스 투 코뤼아	유스 디 인터넷

07-00-02

이/가 어디 있는지 아세요?

Do you know where _____ is?

두 유 노 웨얼 _____ 이스?

우체통	우체국	은행
a mail box	a post office	a bank
어 메일 박스	어 포스트 오피스	어 뱅크
현금지급기	환전소	PC방
an ATM	a currency exchange office	an Internet cafe
언 에이티엠	어 커런시 익스체인지 오피스	언 인터넷 카페

○ _____이/가 얼마죠?

How much is _____?

하우 머취 이즈 _____ ?

이 엽서 this postcard 디스 포스트카드	편지 부치는 요금 it to mail a letter 잇 투 메일 어 레러	항공우편 우표 an airmail stamp 언 에어메일 스탬프
등기우편 a registered mail 어 뤠지스터드 메일	소포 보내는 요금 it to send a package 잇 투 쎈드 어 패키지	1시간 사용료 it for one hour 잇 포 원 아워

환전할 때 알아둘 표현

★ 외화를 환전하고 싶어요.

I'd like to exchange some foreign currency.

이드 라이크 투 익스체인지 썸 포뤈 커런시

★ 한국 원화당 미화 환율이 어떻게 되나요?

What's the exchange rate for U.S. dollars to Korean won?

왓츠 디 익스체인쥐 뤠잇 풔 유에스 달러스 투 코뤼안 원?

★ 오늘의 환율이 어떻게 되죠?

What's the exchange rate today?

왓츠 디 익스체인쥐 뤠잇 투데이?

What's the market rate today? (시장시세)

왓츠 더 마켓 뤠잇 투데이?

What's the buying rate today? (구매시세)

왓츠 더 바잉 뤠잇 투데이?

What's the selling rate today? (판매시세)

왓츠 더 쎌링 뤠잇 투데이?

01 우체국 이용하기

여행 중 짐이 많아 미리 한국으로 보내거나 편지, 엽서 등을 지인에게 보내는
경우가 있죠. 이번에는 우체국을 이용할 때 사용되는 표현들을 알아볼게요.

우체국 필수 단어

07-01-01

글자, 문자	[레러]	**letter**
우체부	[메일맨]	**mailman**
우체통	[메일박스]	**mailbox**
우표	[스템프]	**stamp**
편지	[레러]	**letter**
엽서	[포스트 카드]	**post card**
깨지기 쉬운	[프레즐]	**fragile**
망가지기 쉬운	[브뤠이커블]	**breakable**
보험에 들다	[인슈어]	**insure**
저울	[스케일]	**scale**
무게	[웨잇]	**weight**
등기우편	[뤠지스터드 메일]	**registered mail**
특급우편	[익스프레스 메일]	**express mail**
항공우편	[에어메일]	**air mail**
선박우편	[씨메일]	**sea mail**
육상우편	[스네일 메일]	**snail mail**

🎵 Dialogue

실제 상황에서 나눌 수 있는 대화문입니다. 대화문을 한 번 읽고, 원어민 발음의
음원을 듣고 큰 소리로 따라 해보세요.

⦿ 07-01-02

A 이 소포를 한국에 보내고 싶어요.
I'd like to **send** this package to Korea.
아이드 라이크 투 센드 디스 패키지 투 코리아.

B 저울 위에 올려주세요.
Put it on the **scale**, please.
풋 잇 온 더 스케일 플리즈

A 네. 얼마죠?
Sure. How much is it?
슈어. 하우 머치 이즈 잇?

B 45달러 입니다. 내용물을 보험에 드시겠어요?
It's $45. Would you like to **insure** the
contents?
잇츠 포리 화이브 달러스. 우 쥬 라이크 투 인슈어 더 컨텐츠?

VOCA

send 보내다, 발송하다   **scale** 저울   **insure** 보험에 들다   **contents** 내용물

🌀 표현 찾아 말하기

현재 처한 상황에 필요한 표현을 찾아 빨리 말하세요.

우체국 찾기

07-01-03

○ 오늘 이 소포를 보내야 해요.

I have to send this **parcel** today.
아이 해브 투 센드 디스 파슬 투데이.

○ 우체국이 어디 있나요?

Where is the **post office**?
웨얼 이스 더 포스트 오피스?

○ 우체통이 어디 있나요?

Where is a **mailbox**?
웨얼 이스 어 메일박스?

> 영국에서는 '우체통'을 **postbox**라고 해요.

○ 어디서 우표를 살 수 있나요?

Where can I buy a **stamp**?
웨어 캔 아이 바이 어 스탬프?

○ 몇 시에 문을 여나요?

What time does it open?
왓 타임 더즈 잇 오픈?

○ 몇 시에 문을 닫나요?

What time does it close?
왓 타임 더즈 잇 클로즈?

○ 주말에도 문을 여나요?

Is it open on the weekends?
이즈 잇 오픈 온 더 위크엔즈?

VOCA

parcel 소포　**post office** 우체국　**mailbox** 우체통　**stamp** 우표

편지 · 소포 발송

○ 국내우편인가요?

Is this **domestic** mail?
이스 디스 도메스틱 메일?

○ 이걸 항공우편으로 한국에 보내려고요.

I need to send it to Korea by airmail.
아이 니드 투 센드 잇 투 코뤼아 바이 에어메일.

○ 이 소포를 한국으로 부치고 싶어요.

I'd like to send this package to Korea.
아이드 라이크 투 센드 디스 패키지 투 코뤼아.

○ 빠른우편으로 보내주세요.

Send it by **express mail**.
센드 잇 바이 익스프뤠스 메일.

○ 등기우편으로 보내주세요.

Send it by **registered mail**.
센드 잇 바이 뤠지스터드 메일.

○ 국제우표 한 장 주세요.

I'd like an **overseas** stamp.
아드 라이크 언 오버씨즈 스템프.

○ 다음 주 월요일까지 서울에 도착해야 해요.

It has to be in Seoul by Monday next week.
잇 해스 투 비 인 서울 바이 먼데이 넥스트윅

우체국 · 은행 · PC방

VOCA

domestic 국내의, 가정의　**express mail** 빠른우편
registered mail 등기우편　**overseas** 해외의

○ 항공이요, 선박우편이요?   By air or sea mail?
바이 에어 오어 씨 메일?

○ 선박우편은 한국까지 얼마나 걸리나요?   How long does it take by sea mail to Korea?
하우 롱 더즈 잇 테이크 바이 씨 메일 투 코뤄아?

○ 이 소포 보험에 들고 싶어요.   I'd like to **insure** this package.
아이드 라이크 투 인슈얼 디스 패키지

○ 저울에 올려주세요.   Put it on the scale, please.
풋 잇 온 더 스케일 플리즈

○ 내용물이 뭔가요?   What's inside?
왓츠 인사이드?

○ 제 옷이에요.   My clothes are in it.
마이 클로즈 아 인 잇

○ 깨지기 쉬운 물건이에요.   This is **fragile**.
디스 이스 프레질

VOCA

| **insure** 보험에 들다 | **fragile** 깨지기 쉬운 |

02 은행 이용하기

환전, 송금하거나 받을 때 은행을 이용해야 하죠. 만약 장기체류인 경우는 현금을 직접 보관하면 불안하니 안전하게 계좌를 개설하기도 해요. 국가에 따라 다르지만 외국은 계좌를 개설하면 이자를 주는 게 아니라 돈을 내야 하는 곳도 있으니 알아두세요.

은행 필수 단어

07-02-01

현금인출기	[에이티엠]	**ATM**
환율	[익스체인지 레잇]	**exchange rate**
환전	[익스체인지]	**exchange**
계좌	[어카운트]	**account**
저축예금계좌	[세이빙스 어카운트]	**savings account**
당좌예금계좌	[체크 어카운트]	**checking account**
동전	[코인]	**coin**
지폐	[빌]	**bill**
수표	[체크]	**check**
비밀번호	[핀 넘버]	**PIN number**
송금수수료	[뤼미턴스 촤지]	**remittance charge**
송금하다	[뤼밋]	**remit**
입금하다	[디파짓]	**deposit**
출금하다	[윗드뤄우]	**withdraw**
이자율	[인터레스트 레잇]	**interest rate**
지점	[브랜취]	**branch**

실제 상황에서 나눌 수 있는 대화문입니다. 대화문을 한 번 읽고, 원어민 발음의
음원을 듣고 큰 소리로 따라 해보세요.

07-02-02

(A) 한화 10만 원을 미국 달러로 바꾸고 싶어요.

I'd like to **exchange** 100,000 Korean
won into U.S dollars, please.

아이드 라이크 투 체인지 원 헌드레드싸우전 코리안 원 인투 유에스 달러스, 플리즈.

(B) 네. 여권을 주세요.

Sure. **Passport**, please.

슈얼, 패스포트, 플리즈.

(A) 미국 달러 환율이 어떻게 되나요?

What's the **buying rate** for U.S. dollar?

왓츠 더 바잉뤠잇 포 유에스 달러스?

(B) 미화 1달러에 한화 1,150원이에요.

1,150 Korean won to 1 U.S dollar.

원싸우전 원헌드레드 휘프티 코리안 원 투 원 유에스 달러.

VOCA

exchange 교환하다, 환전하다   **passport** 여권   **buying rate** 매입환율

🌀 표현 찾아 말하기

현재 처한 상황에 필요한 표현을 찾아 빨리 말하세요.

환전하기

07-02-03

○ 이 지폐를 동전으로 바꿔주시겠어요?

Could you change this **bill** into coins?

쿠 쥬 체인쥐 디스 빌 인투 코인스?

○ 100달러짜리 지폐를 바꿔주시겠어요?

Could you **break** a hundred dollar bill?

쿠쥬 브뤠익 어 헌드뤠드 달러 빌?

> **break**에는 '깨뜨리다'라는 뜻이 있어서 큰돈을 잔돈으로 '깨뜨린다'고 표현하듯 영어에서도 이런 표현을 사용해요.

○ 여기서 환전할 수 있나요?

Can I exchange money here?

캔아이 익스체인쥐 머니 히얼?

○ 이거 미국 달러로 환전해주시겠어요?

Could you exchange this into U.S. dollars, please?

쿠쥬 익스체인쥐 디스 인투 유에스 달러스, 플리즈?

○ 환율이 어떻게 되죠?

What's the exchange rate?

왓츠 디 익스체인쥐 뤠잇?

○ 원화 당 미국 달러가 얼마인가요?

How many U.S. dollars per Korean won?

하우 매니 유에스 달러스 퍼 코뤼안 원?

○ 오늘은 1달러가 0.76유로입니다.

One U.S. dollar is **worth** 0.76 Euro today.

원 유에스 달러 이스 월쓰 포인트 세븐티씩스 유로 투데이.

VOCA

bill 지폐   **break** (지폐를) 동전으로 바꾸다   **worth** ~의 가치가 있는

Chapter 7. 우체국 • 은행 • PC방 이용하기 **189**

신규계좌 개설하기

○ 계좌를 개설하고 싶어요.

I'd like to open an **account**.
아이드 라이크 투 오픈 언 어카운트.

○ 저축예금계좌를 개설하고 싶어요.

I'd like to open a **savings account**, please.
아이드 라이크 투 오픈 어 세이빙스 어카운트, 플리즈.

○ 신규 계좌개설이 가능한가요?

Is it possible to open a new account?
이즈 잇 파써블 투 오픈 어 뉴 어카운트?

> **Is it possible~**은 '~하는 것이 가능한가요?'라고 물을 때 사용해요.

○ 이 신청서를 작성해주세요.

Fill out this **application form**.
필 아웃 디스 어플리케이션 폼.

○ 비밀번호를 누르세요.

Enter your PIN number.
엔터 유어 핀 넘버.

○ 이자율이 어떻게 되나요?

What are the **interest rates**?
왓 아 더 인터뤠스트 뤠잇?

○ 계좌를 해지하고 싶은데요.

I'd like to **close my account**.
아이드 라이크 투 클로즈 마이 어카운트.

VOCA

account 계좌   **savings account** 저축예금계좌   **application form** 신청서
interest rate 이자율   **close one's account** ~의 계좌를 닫다

입금 · 출금 · 송금하기

07-02-05

○ 예금을 하고 싶어요.

I'd like to make a deposit.
아이드 라이크 투 메이크 어 디파짓

> 예금을 **deposit** [디파짓]이라고 하고 출금을 **withdraw** [위드러우]라고 해요.

○ 100달러를 예금하고 싶어요.

I'd like to deposit $100.
아이드 라이크 투 디파짓 원헌드뤠드 달러스

○ 300달러를 출금하고 싶어요.

I'd like to withdraw $300.
아이드 라이크 투 위드러우 쓰뤼 헌드뤠드 달러스

○ 제 입출금내역서가 필요해요.

I need my **bank statement**, please.
아이 니드 마이 뱅크 스테잇먼트, 플리즈

○ 300달러를 한국으로 송금하고 싶어요.

I'd like to **remit** $300 to Korea.
아이드 라이크 투 뤼밋 쓰뤼 헌드뤠드 달러스 투 코뤼아

○ 송금수수료가 얼마죠?

What's the **remittance charge**?
왓츠 더 뤼미턴스 차지?

VOCA

bank statement 입출금내역서 **remit** 송금하다
remittance charge 송금수수료

우체국 ·
은행 · PC방

요즘은 스마트폰으로 웬만한 인터넷 검색이나 SNS 활동을 할 수 있지만, 때에 따라 인터넷 카페에 가서 인터넷을 이용해야 하는 경우도 있어요. 이러한 경우 사용할 표현들을 알아볼게요.

PC방 필수 단어

`07-03-01`

게시판	[노티스 보드]	**notice board**
컴퓨터	[컴퓨러]	**computer**
키보드	[키보드]	**keyboard**
마우스	[마우스]	**mouse**
스피커	[스피커]	**speaker**
스캔하다	[스캔]	**scan**
복사하다	[포토 카피]	**photo copy**
복사기	[포토카피얼]	**photocopier**
인쇄하다	[프린트]	**print**
팩스 보내다	[센드 어 팩스]	**send a fax**
컬러	[컬러]	**color**
흑백	[블랙 앤 와잇]	**black and white**
저장하다	[쎄이브]	**save**
오류	[에러]	**error**
인터넷접속	[인터넷 액세스]	**Internet access**
무선인터넷	[와이리리스 인터넷]	**wireless Internet**

 **Dialogue**

실제 상황에서 나눌 수 있는 대화문입니다. 대화문을 한 번 읽고, 원어민 발음의
음원을 듣고 큰 소리로 따라 해보세요.

07-03-02

A 한 시간 정도 인터넷을 사용하려고요.

I need to use the Internet for **about an hour**.

아이 니드 투 유스 디 이너넷 포 러바웃 언 아우워

B 죄송합니다. 한 30분쯤 기다려야 해요.

I'm sorry. You have to wait about **half an hour**.

아임 쏘뤼 유 해브 투 웨잇 어바웃 하프 언 아워

A 괜찮아요. 무선인터넷 쓸 수 있나요?

That's OK. **Am I able to** use wireless Internet?

댓츠 오케이 앰 아이 에이블 투 유스 와이어리스 인터넷?

B 네, 물론이죠.

Yes, of course.

예스 오브 콜올스

VOCA

about an hour 대략 한 시간   **half an hour** 30분   **be able to** ~할 수 있다

🖋 표현 찾아 말하기

현재 처한 상황에 필요한 표현을 찾아 빨리 말하세요.

PC방 이용하기

07-03-03

○ 인터넷 카페가 어디 있는지 아세요?

Do you know where an Internet cafe is?
두 유 노우 웨얼 언 인터넷 카페 이스?

○ 한 시간 동안 인터넷을 사용하고 싶어요.

I'd like to use the Internet for an hour.
아이드 라이크 투 유스 디 인터넷 포 런 아워.

○ 시간제로 계산해야 해요.

You'll pay **by the hour**.
유일 페이 바이 디 아우워.

○ 한글 입력이 가능한가요?

Can I **type** in Korean?
캔 아이 타입 인 코뤼안?

○ 지금 이걸 스캔해서 보내야 해요.

I need to scan and send it now.
아이 니드 투 스캔 앤 센드 잇 나우.

○ 여기 컬러프린터 있나요?

Do you have a color printer here?
두 유 해브 어 컬러 프륀터 히얼?

○ 흑백은요?

What about black and white?
왓 어바웃 블랙 앤 와잇?

VOCA

by the hour 시간제로   **type** 키보드 입력하다

컴퓨터 사용하기

○ 이 컴퓨터 어떻게 시작해요?

How do I start this computer?
하우 두 아이 스타트 디스 컴퓨러?

○ 작동이 안 돼요.

It's not working.
잇츠 낫 월킹.

○ 이거 고장인 것 같아요.

I think it's **broken**.
아이 띵크 잇츠 브뤄큰.

○ 스크린이 멈췄어요.

The screen is frozen.
더 스크륀 이스 프로즌.

> **frozen**은 '꽁꽁 언'이라는 뜻으로 '꼼짝 않고 움직이지 않는 모습'을 표현할 때 사용해요.

○ 컴퓨터가 다운됐어요.

This computer is locked up.
디스 컴퓨러 이스 락트 업.

○ 재부팅하세요.

Try rebooting it.
트롸이 뤼부링 잇.

○ 인터넷에 어떻게 접속해요?

How do I **access** the Internet?
하우 두 아이 액세스 디 이너넷?

○ 한글이 다 깨져서 보여요.

Korean **letters** are showing all broken.
코뤼안 레러스 아 쑈윙 올 브로큰.

VOCA

broken 고장난   **access** 접속하다   **letter** 글자, 문자

노티스보드(게시판) 이용

07-03-05

○ 게시판이 어디 있어요?

Where is a **notice board**?
웨얼 이즈 어 노티스 보드?

○ 이 광고를 여기 붙여도 돼요?

Can I stick this ad on the board?
캔 아이 스틱 디스 애드 온 더 보드?

> 외국 인터넷 카페에는 보통 커다란 게시판이 설치되어 있어서 광고글, 정보글 등을 여기에 붙여 서로 공유해요.

○ 뭘 팔려고요?

What are you **selling**?
왓 아 유 셀링?

○ 제 차를 팔려고 해요.

I'm selling my car.
아임 셀링 마이 카.

○ 저는 함께 여행할 사람을 찾고 있어요.

I'm looking for someone to travel with.
아임 룩킹 포 썸원 투 트레블 위드.

○ 여행경비를 분담하고 싶어요.

I want to **share** the travel **expenses**.
아이 원 투 셰얼 더 트레블 익스펜시스.

○ 여기 내 전화번호를 남길게요.

I'll leave my number here.
아일 리브 마이 넘버 히얼.

VOCA

notice board 게시판   **sell** 팔다   **share** 공유하다   **expense** 비용

· 해외에서 ATM 이용

외국 현금인출기계도 우리나라와 사용법은 비슷해요. 다만 모두 외국어로 표기되어 있고, 음성안내도 외국어이므로 관련 표현을 알아두세요.

① **Insert your card.** 카드를 넣어주세요.

② **Enter your PIN number.** 비밀번호를 누르세요.

　⇨ **You have entered the wrong PIN.** 비밀번호가 틀렸습니다.

③ **Make a deposit.** 입금을 하세요.

④ **Withdraw cash** 현금인출

　⇨ **Select type of withdrawal.** 출금의 종류를 고르세요.

　　- **from savings** 저축예금

　　- **from checking** 당좌예금

　　- **from credit** 신용대출

　⇨ **Processing. Please wait.** 처리중입니다. 기다려주세요.

　　- **Insufficient funds.** 잔액이 부족합니다.

　⇨ **Take cash and receipt.** 현금과 명세표를 받으세요.

⑤ **Transfer funds** 계좌이체

⑥ **Remove your card.** 카드를 받으세요.

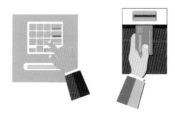

CHAPTER 08
귀국하기

이제 아쉽지만 집으로 돌아갈 시간! 귀국 전에 항공권 예약 재확인을 잊지 마시고, 출발하는 날에는 공항에 일찍 도착해서 출국 수속을 여유 있게 마치도록 하세요.

챕터 08 **음원 유튜브로 듣기**

★ 요것만 알아도 집에 돌아올 수 있어요!

08-00-01

○ _____ 해주세요.

I'd like to _____, please.

아이드 라이크 투 _____ 플리즈.

항공권을 예약하다	예약을 취소하다	예약을 변경하다
book a flight	cancel my reservation	change my reservation
북 어 플라잇	캔슬 마이 뤠저베이션	체인지 마이 뤠저베이션
예약을 확인하다	재확인하다	이 가방을 기내에 반입하다
confirm my reservation	make reconfirmation	take this baggage on the plane
컨펌 마이 뤠저베이션	메이크 뤼컨퍼메이션	테이크 디스 배기쥐 온 더 플래인
이름을 대기자명단에 올리다	3일 일찍 떠나다	그와 함께 앉다
put my name on the waiting list	leave 3 days earlier	sit with him
풋 마이 네임 온 더 웨이링 리스트	리브 쓰뤼 데이즈 얼리어	씻 위드 힘

I'd like to take this baggage on the plane, please.

01 항공권 예약하기

보통 귀국 일정이 정해져 있는 경우가 많지만, 만약을 대비해 항공권 예약부터 예약 확인까지 하는데 필요한 표현을 모두 배워볼게요.

항공권 예약 필수 단어

08-01-01

항공사	[에어라인스]	airlines
예약	[뤠저베이션]	reservation
예약하다	[메이크 어 뤠저베이션]	make a reservation
예약번호	[뤠저베이션 넘버]	reservation number
확정하다	[컨펌]	confirm
예약 변경하다	[체인지 뤠저베이션]	change reservation
예약 취소하다	[캔슬 뤠저베이션]	cancel reservation
취소 위약금	[캔슬레이션 차지]	cancellation charge
재확인하다	[뤼컨펌]	reconfirm
왕복항공권	[뤼턴 티킷]	return ticket
편도항공권	[원-웨이 티킷]	one-way ticket
탑승권	[볼딩 패스]	boarding pass
탑승시각	[볼딩 타임]	boarding time
항공편명	[플라잇 넘버]	flight number
대기자명단	[웨이링 리스트]	waiting list
떠나다	[리브]	leave

 **Dialogue**

실제 상황에서 나눌 수 있는 대화문입니다. 대화문을 한 번 읽고, 원어민 발음의
음원을 듣고 큰 소리로 따라 해보세요.

(08-01-02)

A 예약을 재확인하고 싶어요.

I'd like to **reconfirm** my reservation.

아이드 라이크 투 뤼컨펌 마이 뤠저베이션

B 항공편명과 출발시간을 말씀해주세요.

What's the flight number and **departure** time?

왓츠 더 플라잇 넘버 앤 디파춰 타임?

> '도착'은 **arrival**이라고 해요.

A 8월 7일 인천행 KE 232편이요.

It's KE 232 for Incheon on the 7th of August.

잇츠 케이이 투쓰뤼루 포 인천 온 더 쎄븐쓰 오브 오거스트

B 예약하신 항공편이 확인되었습니다.

Your reservation is confirmed.

유어 뤠저베이션 이스 컨펌드

VOCA

reconfirm 재확인하다   **departure** 출발

표현 찾아 말하기

현재 처한 상황에 필요한 표현을 찾아 빨리 말하세요.

항공권 예약 · 확인하기

08-01-03

○ 한국으로 가는 항공편을 예약하고 싶어요.

I'd like to book a flight to Korea.
아이드 라이크 투 북 어 플라잇 투 코뤄아.

○ 다음 주 월요일 한국행 항공편이 있나요?

Are there any flights **available** to Korea next Monday?
아 데어 애니 플라이츠 어배일러블 투 코뤄아 넥스트 먼데이?

○ 죄송하지만 예약이 끝났습니다.

Sorry, we are all booked up.
쏘뤼, 위 아 올 북트 업.

○ 화요일은 어떤가요?

What about Tuesday?
왓 어바웃 튜스데이?

○ 대기자명단에 올려주세요.

Put my name on the waiting list, please.
풋 마이 네임 온 더 웨이링 리스트, 플리즈.

○ 예약을 재확인하고 싶은데요.

I'd like to **reconfirm** my reservation, please.
아이드 라이크 투 뤼컨펌 마이 뤠저베이션, 플리즈.

○ 오픈티켓입니다.

I've got an open ticket.
아이브 갓 언 오픈 티킷.

귀국하기

VOCA

available 이용 가능한   reconfirm 재확인하다

○ 왕복항공권입니다.

It's a **return ticket**.
잇츠 어 뤼턴 티킷

○ 예약번호가 어떻게 되시죠?

What's your reservation number?
왓츠 유어 뤠저베이션 넘버?

○ 저의 예약번호는 203324입니다.

My reservation number is 203324.
마이 뤠저베이션 넘버 이스 투지로쓰뤼 쓰뤼투포

> 번호를 말할 때는 세 자리씩 끊어 말해요.

○ 편명을 말씀해주시겠어요?

What's the flight number?
왓츠 더 플라잇 넘버?

○ 예약이 확인되었습니다.

Your reservation is confirmed.
유어 뤠저베이션 이스 컨펌드

○ 몇 시까지 수속해야 하나요?

What time do I have to check in?
왓 타임 두 아이 해브 투 체크 인?

○ 출발시간이 언제인가요?

What's the **departure time**?
왓츠 더 디파춰 타임?

○ 다시 한 번 확인해주세요.

Please, check the list again.
플리즈, 첵 더 리스트 어게인

예약 변경·취소하기

08-01-04

○ 예약을 변경하고 싶어요.

I'd like to change my reservation.
아이드 라이크 투 체인지 마이 뤠저베이션

○ 어떻게 변경하고 싶으세요?

How would you like to change?
하우 우 쥬 라이크 투 체인지?

○ 야간 비행편을 예약하고 싶어요.

I'd like to book an **overnight flight.**
아이드 라이크 투 북 언 오버나잇 플라잇

○ 3일 일찍 떠나고 싶어요.

I'd like to leave 3 days **earlier.**
아이드 라이크 투 리브 쓰뤼 데이스 얼리얼

○ 예약을 취소할 수 있나요?

Can I cancel my reservation?
캔 아이 캔슬 마이 뤠저베이션?

○ $20의 위약금이 있습니다.

There is 20 dollars of **penalty fee.**
데얼 이스 투웨니 달러스 오브 패널티 휘

○ 다른 항공사를 확인해주시겠어요?

Could you check **other** airlines, please?
쿠쥬 첵 아더 에어라인스, 플리즈?

VOCA

overnight flight 야간비행   **earlier** 예상보다 일찍   **penalty** 벌금, 위약금
fee 수수료, 요금   **other** 다른

Chapter 8. 귀국하기   205

출국수속 중 짐이 너무 늘어나서 중량초과로 과징금을 내지 않도록 조심하고,
공항에 여유롭게 도착해서 면세점 쇼핑도 즐기세요.

출국 필수 단어

08-02-01

출국	[리브 어 켄트뤼]	**leave a country**
출국수속	[디파춰 프로세스]	**departure process**
출국장	[디파춰 라운지]	**departure lounge**
면세점	[듀리-프뤼 샵]	**duty-free shop**
수하물	[러기쥐]	**luggage**
무게	[웨잇]	**weight**
중량초과	[오버웨잇]	**overweight**
공항세	[에어포트 택스]	**airport tax**
몸수색	[바디첵]	**body check**
반입금지품	[프로히비리드 아리클스]	**prohibited articles**
분실물 취급소	[로스트앤 화운드 오피스]	**lost and found office**
엑스레이검색대	[엑스-뤠이 머쉰]	**X-ray machine**
출발/도착 알림판	[스케쥴 보오드]	**schedule board**
탑승구역	[볼딩 에뤼어]	**boarding area**
탑승게이트	[볼딩 게이트]	**boarding gate**
이륙	[테이크-오프]	**take-off**

Dialogue

실제 상황에서 나눌 수 있는 대화문입니다. 대화문을 한 번 읽고, 원어민 발음의
음원을 듣고 큰 소리로 따라 해보세요.

08-02-02

A 탑승권을 주세요.

Boarding pass, please.

볼딩 패스, 플리즈

B 여기요. 이 짐 부쳐야 하나요?

Here you are. Should I check in this luggage?

히어 유 아, 슈드 아이 첵인 디스 러기쥐?

A 아니요. 기내에 가지고 타셔도 됩니다.

No. You can carry it on board.

노, 유 캔 캐뤼 잇 온 보드.

B 네. 감사합니다.

OK. Thanks.

오케이, 땡스

VOCA

carry 휴대하다   **on board** 선상에, 기내에

🎯 표현 찾아 말하기

현재 처한 상황에 필요한 표현을 찾아 빨리 말하세요.

탑승수속하기

08-02-03

○ 대한항공 카운터가 어디죠?

Where is the Korean Air counter?
웨어 이스 더 코뤼안 에어 카운터?

○ 출국수속해주세요.

Check in, please.
첵 인 플리즈

○ 창가 자리로 주세요.

I'd like a **window seat**, please.
아이드 라이크 어 윈도우 씻 플리즈

○ 앞쪽 좌석으로 주세요.

I'd like a **front seat**.
아이드 라이크 어 프론트 씻

aisle seat 통로 쪽 좌석 / **back seat** 뒤쪽 좌석

○ 그와 함께 앉고 싶어요.

I'd like to sit with him.
아이드 라이크 투 씻 위드 힘

○ 제 짐을 맡기고 싶은데요.

I'd like to check my **baggage**.
아이드 라이크 투 첵 마이 배기쥐

○ 이건 가지고 탈 짐이에요.

This is a carry-on bag.
디스 이스 어 캐뤼-온 백

VOCA

window seat 창가 쪽 좌석　**front** 앞　**seat** 좌석
baggage 짐, 가방, 트렁크

○ 맡길 짐이 없어요.

I have no baggage to check.

아이 해브 노 배기쥐 투 첵

○ 손님의 짐은 5킬로그램 초과했습니다.

Your baggage is 5 kilograms **overweight**.

유어 베기지 이스 화이브 킬로그램스 오버웨잇

○ 중량 초과에는 얼마를 부과하나요?

How much do you **charge** for overweight?

하우 머취 두 유 차지 포 오버웨잇?

○ 인천행 KE 433편을 탑승해요.

I'm on flight KE 433 for Incheon.

아임 온 플라잇 케이 이 포쓰뤼쓰뤼 포 인천

○ 탑승구가 어디죠?

Where's the boarding gate?

웨어 이스 더 보딩 게잇?

○ 언제 탑승을 시작하나요?

When do you start boarding?

웬 두 유 스타트 보딩?

○ 얼마나 지연될까요?

How long will it be **delayed**?

하우롱 윌잇 비 딜레이드?

VOCA

overweight 중량초과의   **charge** 청구하다   **delay** 지연되다

출국하기

○ 이 금속탐지기를 통과하세요.

Go **through** this **metal detector**.
고 쓰루 디스 메를 디텍터

○ 모든 주머니를 비워주세요.

Empty all of your pockets.
엠티 올 오브 유어 포켓츠

○ 모든 소지품을 바구니에 넣어 주세요.

Put all of your **belongings** in the **basket**.
풋 올 오브 유어 비롱잉스 인 더 바스킷

○ 벨트를 풀어주세요.

Take off your belt, please.
테이크 오프 유어 벨트, 플리즈

○ 컨베이어 위에 가방을 올려주세요.

Put your bag on the conveyer.
풋 유어 백 온 더 컨베이어

○ 가방을 열어주시겠어요?

Could you open your bag?
쿠쥬 오픈 유어 백?

○ 14번 게이트가 어디죠?

Where is Gate 14?
웨어 이스 게잇 폴탄?

VOCA

through ~을 통해　**metal detector** 금속탐지기　**empty** 비우다
belonging 소지품　**basket** 바구니　**take off** ~을 벗다

○ 여기가 서울행 탑승구 맞나요?

Is this the gate for the flight to Seoul?

이스 디스 더 게잇 포 더 플라잇 투 서울?

○ 지연되는 이유가 뭐죠?

What's the **reason** for the **delay**?

왓츠 더 뤼즌 포 더 딜레이?

○ 얼마나 지연되나요?

How long will it be delayed?

하우 롱 윌 잇 비 딜레이드?

○ 예정시간대로 출발하나요?

Will this flight **leave** on schedule?

윌 디스 플라잇 리브 온 스케쥴?

○ 몇 시에 도착하나요?

What time do we **arrive**?

왓 타임 두 위 얼라이브?

○ 시카고행 싱가포르 에어라인 112편을 이용하시는 승객은 9번 게이트에서 탑승이 시작되었습니다.

Departing passengers on Singapore Airlines flight 112 for Chicago are now boarding at gate 9.

디파팅 패씬저스 온 싱가폴 에어라인스 플라잇 원원투 포 시카고 아 나우 보딩 앳 게잇 나인

○ KE550편 인천행 비행기가 잠시 후 출발하겠습니다.

Flight KE550 to Inchecon will be departing **shortly**.

플라잇 케이이 화이브화이브지로 투 인천 윌 비 디파팅 쇼틀리.

VOCA

reason 이유   **delay** 지연 · 지체되다   **leave** 떠나다   **arrive** 도착하다
shortly 곧

· 해외에서 출국 절차

항공권 확인

출국일 이전에 항공권 예약을 확인해야 해요. 일정 변경이나 취소를 원한다면 3일 이전에 연락해서 취소하고 원하는 날짜로 다시 예약해요. 목적지를 변경하려면 목적지 변경 수속을 따로 해야 하고, 항공권 구입 경로나 종류에 따라 변경이나 환불, 교환이 불가능한 경우도 있어요.

짐 싸기

여행이 끝나고 집에 돌아오기 전에 짐이 엄청나게 늘어나 있는 경우가 많아요. 이것저것 쇼핑을 즐긴 탓이겠죠. 항공권과 항공사마다 조금씩 다르지만 짐이 중량초과인 경우 비싼 과징금을 내야 하니 짐을 쌀 때 필요 없는 물건은 과감히 버리는 것도 좋은 방법이에요.

출국수속

공항에는 비행시간 최소 2시간 전에 도착해야 안전해요. 출국신고는 항공사 카운터에 항공권과 여권, 입국할 때 적었던 출입국신고서를 제시하고 짐을 부쳐요. 수하물보관증은 잘 보관하세요. 직원이 출입국신고서를 회수하고 탑승권을 주면 출국수속 완료입니다.

보안검색

주머니를 다 비우고 짐은 보안검색대에 올린 후 금속
탐지기를 통과해요. 허리띠나 목걸이 등 금속 물건은
빠짐없이 풀어 바구니에 담으세요. 만약 보안요원이
가방검사를 요청하면 협조해주세요.

탑승구 대기

탑승은 출발 20~30분 전에 시작해요. 출국수속이 끝
나고 탑승권을 받으면 게이트를 미리 알아두고 늦어도
출발 10분 전에 탑승 게이트에 도착하세요.

탑승

승무원의 안내에 따라 탑승한 후 짐을 머리 위 짐칸이
나 좌석 아래 공간에 넣고 이륙을 기다려요. 이코노미
클래스(Economy Class)를 구입했지만 간혹 비즈니
스클래스(Business Class)의 좌석이 남는 경우 비즈니
스클래스로 업그레이드되는 경우도 있어요.

HOSPITAL

CHAPTER 09
위급상황 대처하기

몸이 아프거나, 여권을 잃어버리거나 소매치기를 당하는 등 여행 중에는 여러 가지 사건 사고가 일어날 수 있어요. 이번에는 혹시 모를 사고, 또는 긴급 상황에 대비해 관련표현을 배워볼게요.

꿀팁 범죄를 가리키는 단어들,
질병을 가리키는 단어들

09-00-01

을/를 잃어버렸어요.

I lost my _____.

아이 로스트 마이 _____

항공권	여권	지갑
air ticket	passport	wallet
에어 티킷	패스포트	월렛
가방	**시계**	**방 열쇠**
bag	watch	room key
백	왓치	룸 키
신용카드	**카메라**	**스마트폰**
credit card	camera	smartphone
크레딧 카드	캐머라	스마트폰

09-00-02

이 있어요.(가 아파요)

I have _____.

아이 해브 _____

두통	치통	복통
a headache	a toothache	a stomachache
어 헤드에이크	어 투쓰에이크	어 스토먹에이크
요통	**목이 아픈**	**열**
a backache	a sore throat	a fever
어 백에이크	어 쏘어 쓰로웃	어 휘버
소화불량	**뻣뻣한 목**	**설사**
indigestion	a stiff neck	diarrhea
인디제스천	어 스티프 넥	다이어뤼아

★ 경찰을 불러주세요!
Call the police!
콜 더 폴리스!

★ 결찰 불러요!
Call the cops!
콜 더 캅스!

★ 구급차 좀 불러주세요!
Call an ambulance!
콜 언 엠뷸런스!

★ 위급 상황이에요.
It's an emergency!
잇츠 언 이멀전씨!

★ 도와줘요!
Help!
헬프!

★ 소매치기야!
Pickpocket!
픽파킷!

★ 도둑이야!
Thief!
띠프!

★ 저놈 잡아라!
Get him!/Catch him!
겟 힘!/캣춰 힘!

01 병원 · 약국 이용하기 ✚

여행 중 감기, 몸살, 배탈 등 환경과 음식 변화 때문에 몸이 아플 수 있죠. 이럴 때는 병원이나 약국을 찾아 신속하게 진찰을 받고 약을 복용해야 해요. 자, 그럼 시작할게요!

병원 · 약국 필수 단어

09-01-01

증상	[심통]	**symptom**
체온	[템퍼뤠쳐]	**temperature**
열이 나다	[해브 어 휘버]	**have a fever**
어지러운	[디지]	**dizzy**
설사	[다이어뤼아]	**diarrhea**
식중독	[푸드 포이즈닝]	**food poisoning**
구토하다	[쓰뤄우 업]	**throw up**
기침	[커프]	**cough**
복통	[스토먹에이크]	**stomachache**
의식이 없는	[언컨셔스]	**unconscious**
고통	[패인]	**pain**
긴급상황	[이멀전시]	**emergency**
구급차	[엠뷸런스]	**ambulance**
처방전	[프뤼스크립션]	**prescription**
주사	[인젝션]	**injection**
진통제	[패인킬러]	**painkiller**

 **Dialogue**

실제 상황에서 나눌 수 있는 대화문입니다. 대화문을 한 번 읽고, 원어민 발음의
음원을 듣고 큰 소리로 따라 해보세요.

09-01-02

A 열이 나고 배가 아파요.

I have a **fever** and a **stomachache**.

아이 해브 어 휘버 앤 스토먹에이크

B 언제부터 그랬어요? 설사하세요?

When did it start? Do you have
diarrhea?

웬 디드 잇 스타트? 두 유 해브 다이어뤼어?

A 네. 어젯밤 저녁식사 후부터요.

Yes. It started last night after dinner.

예스 잇 스탈티드 래스트 나잇 애프터 디너

B 식중독인 것 같네요.

It looks like you got **food poisoning**.

잇 룩스 라이크 유 갓 푸드 포이즈닝

VOCA

fever 열   **stomachache** 복통   **diarrhea** 설사   **food poisoning** 식중독

📢 표현 찾아 말하기

현재 처한 상황에 필요한 표현을 찾아 빨리 말하세요.

병원에서

09-01-03

○ 진찰을 받고 싶어요.

I need to see a doctor.
아이 니드 투 씨 어 닥터

○ 여기 한국어를 하는 의사 있어요?

Is there a Korean-speaking doctor here?
이스 데얼 어 코리안-스피킹 닥터 히어?

○ 약속을 하셨나요?

Did you make an **appointment**?
디쥬 메이크 언 어포인트먼트?

○ 진료시간이 어떻게 되죠?

What are your **office hours**?
왓 아 유어 오피스 아월스?

○ 보험에 가입되어 있나요?

Do you have insurance?
두 유 해브 인슈어런스?

○ 의료보험이 없어요.

I have no **medical insurance**.
아이 해브 노 메디컬 인슈어런스

○ 이 양식을 작성해주세요.

Fill out this from, please.
필 아웃 디스 폼, 플리즈

VOCA

appointment (업무나 진찰의) 약속 **office hour** 영업시간
medical insurance. 의료보험

증세 설명과 진찰

○ 증상이 어떻습니까? What are your **symptoms**?
왓 아 유어 씸텀스?

○ 어디가 아픈가요? What seems to be the problem?
왓 씸스 투 비 더 프라블럼?

○ 몸이 안 좋아요. I feel **sick**.
아이 휠 씩

○ 배탈이 난 것 같아요. I think I have an **upset stomach**.
아이 띵크 아이 해브 언 업셋 스토머크

○ 감기에 걸렸어요. I've got a cold.
아이브 갓 어 콜드

○ 열이 있어요. I have a fever.
아이 해브 어 휘버

○ 두통이 있어요. I have a **headache**.
아이 해브 어 헤드에이크

VOCA

symptom 증상, 증세   **sick** 아픈, 메스꺼운   **upset stomach** 배탈
headache 두통

○ 콧물이 나요.

I have a **runny nose**.
아이 해브 어 뤄니 노우즈.

○ 기침이 멈추질 않아요.

I can't stop **coughing**.
아이 캔트 스탑 커휭.

○ 계속 구토를 해요.

I keep throwing up.
아이 킵 쓰로윙 업.

> **keep+-ing**는 '계속 ~를 하다'라는 뜻이에요. **keep going** '계속 가다', **keep swinging**은 '계속 흔들거리다' 처럼 말이죠.

○ 목이 아파요.

I have a **sore throat**.
아이 해브 어 쏘어 쓰로웃.

○ 여기 누우세요.

Lie down here.
라이 다운 히어.

○ 입을 크게 벌리세요.

Open your mouth **wide**.
오픈 유어 마우쓰 와이드.

> **narrow** 좁은 / **high** 높은 / **low** 낮은 / **deep** 깊은 / **shallow** 얕은

○ 열을 재봐야겠어요.

Let me take your **temperature**.
렛 미 테이크 유어 템퍼뤠쳐.

○ 숨을 들이쉬세요.

Take a **breath**.
테이크 어 브레쓰.

○ 천천히 숨을 내쉬세요.

Breathe out slowly.
브뤼드 아웃 슬로울리.

○ 심각한가요?

Is it **serious**?
이즈 잇 시뤼어스?

○ 금방 회복할 거예요.

You'll **get better** soon.
유일 겟 베러 쑨.

○ 주사를 맞아야 할까요?

Do I need an **injection**?
두 아이 니드 언 인젝션?

○ 휴식을 취하고 물을 많이 마시세요.

Take a **rest** and drink a lot of water.
테이크 어 뤠스트 앤 드륑크 어랏 오브 워러.

○ 처방전을 주시겠어요?

Could you give me a **prescription**?
쿠 쥬 깁 미 어 프뤼스크립션?

VOCA

breath 숨   **breathe** 숨을 쉬다   **serious** 심각한   **get better** 회복하다
injection 주사   **rest** 휴식   **prescription** 처방전

응급환자

○ 구급차를 불러주세요!
Call an ambulance!
콜 언 엠뷸런싀

○ 그가 숨을 안 쉬어요.
He's not breathing.
히스 낫 브뤼딩.

○ 그가 의식이 없어요.
He's **unconscious**.
히스 언컨셔스

○ 그가 기절했어요.
He **fainted**.
히 풰인티드.

○ 그녀가 벽에 부딪혔어요.
She **banged into** the wall.
쉬 뱅드 인투 더 월.

○ 자동차가 그를 치었어요.
A car ran over him.
어 카 랜 오버 힘.

○ 너 당장 응급처치 받아야 해!
You need **first aid** right now!
유 니드 퓔스트에이드 롸잇 나우!

VOCA

unconscious 의식이 없는   **faint** 기절하다   **bang into** ~에 충돌하다
first aid 응급처치

약국에서

○ 타이레놀 있나요?　　　　　Can I have some Tylenol?
　　　　　　　　　　　　　캔 아이 해브 썸 타이레놀?

> **Tylenol**은 상품명이지만 '해열제, 진통제'라는 의미로 사용 돼요.

○ 진통제가 좀 필요해요.　　　I need some **painkillers**.
　　　　　　　　　　　　　아이 니드 썸 패인킬러.

○ 반창고 좀 주세요.　　　　　I need some **band-aids**,
　　　　　　　　　　　　　please.
　　　　　　　　　　　　　아이 니드 썸 밴드-애이즈, 플리즈.

○ 마스크 하나 주세요.　　　　Can I have a face mask?
　　　　　　　　　　　　　캔 아이 해브 어 훼이스 매스크?

○ 소화제가 필요해요.　　　　I need to take a **digestive
　　　　　　　　　　　　　medicine**.
　　　　　　　　　　　　　아이 니드 투 테이크 어 다이제스티브 메디신.

○ 콘돔 있어요?　　　　　　　Do you have condoms?
　　　　　　　　　　　　　두 유 해브 콘돔스?

○ 이 처방전대로 조제해주세요.　Could I get this **prescription**
　　　　　　　　　　　　　filled?
　　　　　　　　　　　　　쿠드 아이 겟 디스 프뤼스크립션 휠드?

○ 여기 처방전이 있어요.　　　Here's the prescription.
　　　　　　　　　　　　　히얼스 더 프뤼스크립션.

VOCA

> **painkiller** 진통제　**band-aids** 반창고　**digestive medicine** 소화제
> **prescription** 처방전

Chapter 9. 위급상황 대처하기　225

○ 저는 알레르기가 없어요.　　　　I don't have allergies.
　　　　　　　　　　　　　　　아이 돈 해브 애니 알러지스

○ 이 알약 얼마나 자주 먹어요?　**How often** do I take this **pill**?
　　　　　　　　　　　　　　　하우 오픈 두 아이 테이크 디스 필?

| pill 환약, 알약 / tablet 당의정 / capsule 캡슐알약 |

○ 하루에 몇 번 먹어요?　　　　　**How many times** should I
　　　　　　　　　　　　　　　take a day?
　　　　　　　　　　　　　　　하우 매니 타임즈 슈드 아이 테이크 어 데이?

○ 식후에 먹나요?　　　　　　　Should I take it after eating?
　　　　　　　　　　　　　　　슈드 아이 테이크 잇 애프터 이링?

○ 부작용은 없나요?　　　　　　Are there any **side effects**?
　　　　　　　　　　　　　　　아 데어 애니 사이드 이펙츠?

○ 이게 고통을 줄여줄 거예요.　This will **relieve** your pain.
　　　　　　　　　　　　　　　디스 윌 릴리브 유어 페인.

○ 이걸 먹으면 좀 졸릴 거예요.　It'll make you feel **drowsy**.
　　　　　　　　　　　　　　　잇일 메이크 유 휠 드라우지

VOCA

how often 얼마나 자주~　**how many times** 몇 번~　**side effect** 부작용
relieve 없애주다, 달래주다　**drowsy** 졸음이 오는

02 분실 · 도난사고

여권을 잃어버리면 아주 골치 아프기 때문에 항상 보관을 잘 하세요. 하지만 어쩔 수 없이 중요한 물건을 잃어버리거나 도난당했을 때 경찰에 신고하고 사건을 수습해야겠죠? 그러한 상황에 필요한 표현을 알아볼게요.

분실 · 도난 필수 단어

09-02-01

경찰서	[폴리스 스테이션]	**police station**
경찰	[폴리스]	**police**
진술	[스테잇먼트]	**statement**
신분증	[아이디 카드]	**ID card**
항공권	[플라잇 티켓]	**flight ticket**
지갑	[월렛]	**wallet**
귀걸이	[이어링스]	**earrings**
팔찌	[브레이슬릿]	**bracelet**
목걸이	[넥클레이스]	**necklace**
반지	[링]	**ring**
귀중품	[밸류어블스]	**valuables**
도난	[스톨른]	**stolen**
분실	[로스트]	**lost**
도둑	[띠프]	**thief**
강도	[뤄버]	**robber**
불법의	[일리걸]	**illegal**

Dialogue

실제 상황에서 나눌 수 있는 대화문입니다. 대화문을 한 번 읽고, 원어민 발음의
음원을 듣고 큰 소리로 따라 해보세요.

09-02-02

A 나 지갑 잃어버린 것 같아.

I think I lost my wallet.

아이 띵크 아이 로스트 마이 월렛

B 오, 저런! 어디에서 잃어버렸어?

Oh, my god! Where did you **lose** it?

오, 마이 갓! 웨얼 디 쥬 루즈 잇?

A 모르겠어. 기억이 안나.

I don't know. I don't **remember**.

아이 돈 노우. 아이 돈 뤼멤버

B 경찰에 신고하는 게 좋겠다.

You should **report** it to the police.

유 슈드 뤼포트 잇 투 더 폴리스

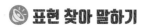

표현 찾아 말하기

현재 처한 상황에 필요한 표현을 찾아 빨리 말하세요.

분실한 경우

09-02-03

○ 제 스마트폰을 잃어버렸어요.

I lost my smartphone.
아이 로스트 마이 스마트폰.

○ 제 카메라를 못 찾겠어요.

I can't **find** my camera.
아이 캔트 화인드 마이 캐머러.

○ 택시에 두고 내렸어요.

I left it in the taxi.
아이 레프트 잇 인 더 택시.

○ 제 가방을 버스에 두고 내렸어요.

I left my **backpack** on the bus.
아이 레프트 마이 백팩 온 더 버스.

○ 어디서 잃어버렸는지 모르겠어요.

I don't know where I lost it.
아이 돈 노 웨얼 아이 로스트 잇.

○ 이 주변에서 흰색 스마트폰 못 보셨나요?

Have you seen a white smartphone around here?
해뷰 씬 어 와잇 스마트폰 어라운드 히얼?

○ 만약 찾으시면 이 번호로 전화주세요.

If you find it, call me at this number.
이프 유 화인드 잇, 콜 미 앳 디스 넘버.

VOCA

find 찾다   backpack 배낭

도난당한 경우

○ 도둑이야!
Thief!
띠프!

○ 결찰 불러요!
Call the **cops**!
콜 더 캅스!

○ 어떤 남자아이가 내 시계를
훔쳐갔어요.
A boy **stole** my watch.
어 보이 스톨 마이 왓치

○ 누가 제 가방을 빼앗아갔어요.
Someone took my bag.
썸원 툭 마이 백

○ 어젯밤 제 방에 도둑이 들었어요.
Someone broke into my room
last night.
썸원 브로크 인투 마이 룸 래스트 나잇

○ 가방을 묘사할 수 있어요?
Can you **describe** your bag?
캔 유 디스크롸이브 유어 백?

○ 갈색 가죽 여행 가방이에요.
It's a brown **leather** suitcase.
잇츠 어 브롸운 레더 숫케이스

VOCA

cop 경찰   **stole** steal '훔치다'의 과거형   **describe** 묘사하다
leather 가죽

○ 안에 뭐가 들어있었죠?

What did you have in it?

왓 디 쥬 해브 인 잇?

○ 여권과 약간의 현금이요.

My passport and some cash.

마이 패스포트 앤 썸 캐쉬

○ 어디서 그런 일이 생긴 거죠?

Where did it **happen**?

웨어 디드 잇 해픈?

○ 시내 내셔널 은행 앞에서요.

It happened **in front of** National bank in the city.

잇 해픈드 인 프론트 오브 내셔널 뱅크 인 더 씨리.

○ 그의 얼굴을 기억하세요?

Do you remember his face?

두 유 뤼멤버 히스 훼이스?

○ 키가 컸나요?

Was he **tall**?

워즈 히 톨?

○ 키가 180cm 정도 되는 백인 남자였어요.

He was about 6 feet tall white **guy**.

히 워스 어바웃 식스 핏 톨 와잇 가이.

VOCA

happen 발생하다, 벌어지다　**in front of** ~의 앞에　**tall** 키가 큰
guy 남자, 사내

03 교통사고와 법규 위반

사고는 시간과 장소를 막론하고 누구에게나 일어날 수 있기 때문에 항상 조심해야 해요. 또한, 운전을 하다보면 교통법규를 위반하여 딱지를 끊는 경우도 있죠. 이번에는 이러한 상황에 사용되는 표현을 알아볼게요.

교통사고 필수 단어

09-03-01

교통사고	[카 액시던트]	**car accident**
사고	[액시던트]	**accident**
가해자	[어태커]	**attacker**
피해자	[빅팀]	**victim**
목격자	[윗니스]	**witness**
증거	[에비던스]	**evidence**
접촉사고	[휀더-벤더]	**fender-bender**
견인차	[토우 트럭]	**tow truck**
부상	[인저뤼]	**injury**
출혈	[블리딩]	**bleeding**
차를 세우다	[풀 오버]	**pull over**
신호 위반하다	[바이올레잇 어 트뤠픽 리잇]	**violate a traffic light**
속도위반	[스피딩]	**speeding**
제한속도	[스피드 리밋]	**speed limit**
대사관	[앰버씨]	**embassy**
영사관	[컨슬릿]	**consulate**

 **Dialogue**

실제 상황에서 나눌 수 있는 대화문입니다. 대화문을 한 번 읽고, 원어민 발음의
음원을 듣고 큰 소리로 따라 해보세요.

09-03-02

A 교통사고가 났어요.
There's a car accident.
데얼스 어 카 액시던트

B 위치가 어디입니까?
What's the **location**?
왓츠 더 로케이션?

A 동물원 옆 윌리엄 스트리트요.
On William Street next to the **zoo**.
온 윌리엄 스트릿 넥스 투 더 주

B 부상자가 있나요?
Is there a injured person?
이스 데얼 언 인쥬얼드 펄슨?

A 남자 한 명이 다리에서 피를 흘려요.
A man is **bleeding at** his legs.
어 맨 이스 블리딩 앳 히스 레그스

VOCA

location 장소, 위치 **zoo** 동물원 **bleeding at~** ～에서 피가 나는

🌀 표현 찾아 말하기

현재 처한 상황에 필요한 표현을 찾아 빨리 말하세요.

교통사고

09-03-03

○ **경찰을 불러주세요!**
Call the police!
콜 더 폴리싈

○ **위급 상황이에요.**
It's an emergency!
잇츠 언 이멀전씨

> **emergency** 비상사태, 위급상황 /
> **emergency room** 응급실

○ **구급차를 불러주세요.**
I need an ambulance.
아이 니드 언 엠뷸런스

○ **교통사고를 신고하려고요.**
I'd like to **report** a car accident.
아이드 라이크 투 레포트 어 카 액시던트

○ **교통사고가 났어요.**
There's a car **accident**.
데얼스 어 카 액시던트

○ **교통사고를 당했어요.**
I was in a car accident.
아이 워스 인 어 카 액시던트

○ **여기 부상당한 사람이 있어요.**
There's an **injured** person here.
데얼스 언 인쥐어드 펄슨 히어

VOCA

report 신고하다, 보고하다   **accident** 사고   **injure** 다치다

○ 다리가 부러진 것 같아요.   I think my legs are broken.
아 띵크 마이 레그스 아 브뤄큰.

○ 그가 출혈이 심해요.   He is **bleeding badly**.
히 이스 블리딩 배들리.

○ 그가 의식이 없어요.   He is **unconscious**.
히 이스 언컨셔스.

conscious 의식이 있는, 제정신의

○ 그가 목을 움직이질 못해요.   He can't move his neck.
히 캔트 무브 히스 넥.

○ 허리에 통증이 있어요.   I feel **pain** on my back.
아이 휠 패인 온 마이 백.

○ 숨을 못 쉬겠어요.   I can't **breathe**.
아이 캔트 브뤼드.

VOCA

bleed 피를 흘리다   **badly** 심하게, 몹시   **unconscious** 의식이 없는
pain 고통   **breathe** 숨을 쉬다

교통법규 위반과 진술

○ 갓길에 차를 대시오!

Pull over!
풀 오버

○ 신호위반을 하셨습니다.

You ran a red light.
유 랜 어 레드 라잇

○ 과속하지 않았는데요.

I wasn't speeding.
아이 워즌 스피딩

○ 저 표지판이 무슨 뜻인지 몰랐어요.

I didn't know what that **sign** means.
아이 디든 노우 왓 댓 사인 민스

○ 교통법규를 몰랐어요.

I didn't know the **traffic laws**.
아이 디든 노우 더 트래픽 로스

○ 제 잘못이 아니에요.

It's not my **fault**.
잇츠 낫 마이 폴트

○ 제가 피해자라고요.

I'm the **victim**.
아임 더 빅팀

VOCA

sign 표지판 **traffic laws** 교통법규 **fault** 잘못, 책임 **victim** 피해자

○ 저는 무단횡단 안 했어요.

I didn't **jaywalk**.
아이 디든 제이워크

○ 그가 빨간불을 무시했어요.

He **ignored** the red light.
히 이그노얼드 더 뤠드 라잇

○ 그가 급정거를 했어요.

He made a **sudden** stop.
히 메이드 어 써든 스탑

○ 그가 제 가방들 위로 차를 몰고 지나갔어요.

He **ran over** my bags.
히 랜 오버 마이 백스

○ 보험에 들어있어요.

I have insurance.
아이 해브 인슈어런스

○ 한국 대사관에 전화를 하고 싶어요.

I need to call the Korean Embassy.
아이 니드 투 콜 더 코뤼언 엠버씨

VOCA

jaywalk 무단횡단하다   **ignore** 무시하다   **sudden** 갑작스러운
run over (자동차로) ~을 치다

· 범죄를 가리키는 단어들

강도	**robbery** [롸버뤼]
주거침입, 도둑	**burglary** [버글러뤼]
훔치다	**steal** [스틸]
음주운전	**drunk driving** [드렁크 드라이빙]
폭력	**assault** [어썰트]
파괴행위	**vandalism** [벤덜리즘]
조직폭력	**gang violence** [갱 바이올런스]
마약	**illegal drugs** [일리걸 드럭스]
불법시위	**illegal protest** [일리걸 프로테스트]
살인	**murder** [멀더]

· 질병을 가리키는 단어들

감기
cold
[콜드]

유행성감기
flu
[플루]

후두염
strep throat
[스트렙 쓰로웃]

오한
chills
[칠스]

식중독
food poisoning
[푸드 포이즈닝]

두드러기
rash
[뤠쉬]

코 막힘
nasal congestion
[네이즐 컨제스쳔]

물집
blister
[블리스터]

햇볕에 탐
sunburn
[썬번]

벌레물림
insect bite
[인섹트 바잇]

베인 상처
cut
[컷]

맹장염
appendicitis
[어펜디싸이티스]

당뇨병
diabetes
[다이어비티스]

천식
asthma
[애쓰마/애즈마]

CHAPTER 10
알아두면 유용한 생활영어

이번에는 인사, 날짜, 요일, 시간을 표현하는
방법이나 자신의 기분을 나타내는 등, 앞에
서 다루지 않거나 보충해서 더 알아볼 일상
생활 필수표현을 조금 더 알아볼게요.

★ 인사하기
★ 감사와 사과표현
★ 날짜 · 요일 · 시간 표현
★ 부탁하기와 허락하기
★ 의사소통이 어려울 때
★ 기분 표현하기
★ 비자 인터뷰와 입국심사
★ 긴급 상황에 처했을 때

 꿀팁 해외여행 짐싸기

인사하기

○ 안녕하세요. (오전/오후/저녁)
Good morning/afternoon/evening.
굿 모닝/애프터눈/이브닝.

○ 안녕./안녕하세요.
Hi./Hello.
하이/헬로우.

○ 안녕하세요.
How are you doing?
하우 아 유 두잉?

○ 만나서 반가워요.
Nice to meet you.
나이스 투 밋 츄.

○ 좋아요.
I'm fine. Thanks.
암 화인. 땡스.

○ 아주 좋아요.
I'm great.
암 그뤠잇

Couldn't be better.
쿠든 비 베러

○ 몸이 별로 좋지 않아요.
I don't feel well.
아이 돈 휠 웰.

Not so good.
낫 쏘 굿.

> 상대가 **Good morning.** 또는 **How are you?**라고 인사할 때 몸 상태나 기분이 좋지 않다면 사용해요.

○ 나중에 또 봐요.
  See you later.
  씨 유 레이러.

  See you again.
  씨 유 어게인.

○ 내일 또 봐요.
  See you tomorrow.
  씨 유 투마뤄우.

다시 만날 것을 약속하며 헤어지는
경우 만나는 날을 의미하는 단어만
교체하면 돼요.
See you the day after tomorrow.
모레 다시 만나요.
See you next year.
내년에 다시 만나요.

○ 잘 자요./안녕히 주무세요.
  Good night./Sleep tight.
  굿 나잇/스립 타잇.

○ 안녕.
  Good bye.
  굿 바이.

Good bye.는 **See you.**와 달리
작별인사로 쓰여요. 장기간의 해외
유학이나 이민 등 지금 헤어지면 가
까운 시일 내에 만날 수 없는 상황에
Good bye.라고 인사해요.

○ 잘 있어요./조심히 가세요.
  Take care.
  테이크 케얼.

○ 한국에서 봐요.
  See you in Korea.
  씨 유 인 코뤄아.

○ 내 이름은 김진선입니다.
  My name is Jin Sun Kim.
  마이 네임 이즈 진선킴.

○ 저는 김진선입니다.
I'm Jin Sun Kim.
아임 진선킴.

○ 그냥 진이라고 불러주세요.
Just call me Jin, please.
저스트 콜 미 진 플리즈.

○ 어디서 오셨어요?
Where are you from?
웨얼 아 유 프롬?

Where do you come from?
웨얼 두유 컴 프롬?

○ 저는 한국에서 왔어요.
I come from Korea.
아이 컴 프롬 코뤼아.

○ 저는 한국인입니다.
I'm korean.
아임 코뤼안.

○ 무슨 일로 오신 거죠?
What brings you here?
왓 브링 쥬 히어?

○ 저는 뉴욕을 여행 중입니다.
I'm travelling New York.
아임 트뤠블링 뉴욕크.

> **bring**은 '(사람을) 데려오다, (물건을) 가져오다'라는 뜻의 동사죠. 따라서 **What brings you here?**는 '무엇이 당신을 이곳으로 데려왔어요?(이곳에 무슨 일로 오신 거죠?)'라는 의미예요.

감사와 사과표현

🔊 10-02

○ 고마워.
  Thanks.
  땡스

○ 정말 감사해요.
  Thank you very much.
  땡큐 베리 머취

  Thanks a lot.
  땡스 어 랏

  Thank you so much.
  땡큐 쏘 머취

  I really appreciate it.
  아이 륄리 어프리시에이 릿.

  > **appreciate**은 '~을 고맙게(감사하게) 생각하다'라는 뜻이에요.

○ 도와주셔서 감사해요.
  Thank you for your help.
  땡큐 포 유어 헬프

○ 당신의 친절에 감사합니다.
  Thank you for your kindness.
  땡큐 포 유어 카인니스

○ 천만에요.
  You're welcome.
  유어 웰컴

○ 제 기쁨입니다.(제가 좋아서 한 일입니다.)
  It's my pleasure.
  잇츠 마이 플래져

○ 미안해요.
I'm sorry.
아임 쏘뤼.

○ 정말 미안합니다.
I'm so sorry.
아임 쏘 쏘뤼.

I'm terribly sorry.
아임 테뤼블리 쏘뤼.

○ 사과드립니다.
I apologize.
아이 어팔러자이즈.

apologize는 '사과하다'라는 뜻이에요.

○ 용서해주세요.
Please, forgive me.
플리즈, 포기브 미.

○ 귀찮게 해서 죄송해요.
I'm sorry to bother you.
아임 쏘뤼 투 보더 유.

I'm sorry to trouble you.
아임 쏘뤼 투 트러블 유.

○ 제 잘못이에요.
It's my fault.
잇츠 마이 폴트.

영미문화권에서는 거짓말을 가장 나쁜 행동이라 여겨서 사과할 행동을 했다면 즉시 인정하고 사과하는 게 좋아요. 이런 경우 **It's my fault.**를 쓰죠.

I'm sorry. It's my fault.
미안해. 내 잘못이야.

○ 신경 쓰지 마세요.
No problem.
노 프라브럼.

Don't worry about it.
돈 워뤼 어바우 릿.

날짜·요일·시간 표현

● 10-03

○ 오늘이 며칠이죠?
What's the date today?
왓츠 더 데잇 투데이?

○ 3월 8일이요.
It's the eighth of March.
잇츠 디 에잇쓰 오브 마취

January 1월 / February 2월 / March 3월 / April 4월 / May 5월 / June 6월 / July 7월 / August 8월 / September 9월 / October 10월 / November 11월 / December 12월

○ 오늘이 무슨 요일이죠?
What day is it today?
왓 데이 이즈 잇 투데이?

○ 오늘은 수요일이에요.
Today is Wednesday.
투데이 이스 웬즈데이

○ 오늘이 일요일인가요?
Is today Sunday?
이스 투데이 선데이?

Monday 월요일 / Tuesday 화요일 / Wednesday 수요일 / Thursday 목요일 / Friday 금요일 / Saturday 토요일 / Sunday 일요일

○ 지금 몇 월달이죠?
What month is it right now?
왓 먼쓰 이즈 잇 롸잇나우?

○ 7월이에요.
It's July.
이츠 줄라이

○ 지금 몇 시인가요?
   What time is it now?
   왓 타임 이즈 잇 나우?

○ 2시 40분이요.
   It's two forty.
   잇츠 투 포리.

○ 지금 몇 시죠?
   Do you have the time?
   두 유 해브 더 타임?

> **Do you have the time?**과 **Do you have time?**을 혼동하면 안 돼요. **the**가 없다면 '시간 있으세요?' 라는 의미의 전혀 다른 문장이 돼버려요.

○ 12시 15분이요.
   It's quarter past twelve.
   잇츠 쿼러 패스트 트웰브

○ 오늘 날씨 어떤가요?
   How's the weather today?
   하우즈 더 웨더 투데이?

○ 뉴욕 날씨는 어떤가요?
   What's the weather like in New York?
   왓츠 더 웨더 라이크 인 뉴욕?

> **spring** 봄 / **summer** 여름 / **fall** 가을 / **winter** 겨울 / **hot** 더운 / **warm** 따뜻한 / **cool** 선선한 / **cold** 추운 / **freezing** 몹시 추운 / **foggy** 안개 낀 / **cloudy** 흐린 / **windy** 바람 부는 / **snowy** 눈이 내리는 / **shower** 소나기

부탁하기와 허락하기

⊙ 10-04

○ 저기요./실례합니다.
Excuse me.
익스큐즈 미.

○ 실례합니다. 좀 도와주시겠어요?
Excuse me. Could you help me, please?
익스큐즈 미. 쿠 쥬 헬프 미, 플리즈?

○ 제 좌석 찾는 것 좀 도와주시겠어요?
Could you help me to find my seat, please?
쿠 쥬 헬프 미 투 화인 마이 씻 플리즈?

○ 부탁 하나만 들어주시겠어요?
Could you do me a favor?
쿠 쥬 두 미 어 훼이버?

○ 베개 하나만 주시겠어요?
Can I have a pillow, please?
캔 아이 해브 어 필로우, 플리즈?

○ 물 좀 주세요.
Water, please.
워러, 플리즈.

○ 제 사진 한 장만 찍어주시겠어요?
Could you take a picture of me, please?
쿠 쥬 테이크 어 픽쳐 오브 미, 플리즈?

> **take a picture**는 '사진 찍다'라는 뜻이에요.

○ 여기서 사진을 찍어도 되나요?

Can I take a picture here?

캔아이 테이크 어 픽춰 히어?

○ 뭐 좀 여쭤봐도 될까요?

May I ask you something?

메아이 애스크 유 썸띵?

○ 네, 그렇게 하세요.

Yes, you may.

예스, 유 메이.

○ 화장실 좀 사용해도 될까요?

May I use the toilet?

메아이 유스 더 토일렛?

○ 창문 좀 열어도 될까요?

Do you mind if I open the window?

두 유 마인 이프 아이 오픈 더 윈도우?

○ 저와 자리를 바꿔주실래요?

Could you change seats with me, please?

쿠 쥬 체인쥐 씻츠 위드 미, 플리즈?

○ 이거 가져도 돼요?

Can I take it?

캔 아이 테이킷?

Can I have it?

캔 아이 해빗?

> 화장실을 의미하는 단어는 **toilet, bathroom, restroom** 등이 있으며 '화장실에 가고 싶은데요.'라고 말할 때는 보통 **I want to wash my hands.** '손을 씻고 싶은데요.'라고 해요.

> '~해도 될까요?'라는 표현의 문장은 **Do you mind~, Would you mind~**로 시작해요. 예를 들어 '여기서 담배를 피워도 될까요?'는 **Do you mind if I smoke here?** 라고 하죠.

의사소통이 어려울 때

○ 뭐라고 하셨죠?
Pardon me?
파든 미?

Excuse me?
익스큐즈 미?

Sorry, I couldn't hear you.
쏘뤼 아이 쿠든 히어 유.

> **Excuse me.**는 '실례합니다.'라는 의미로도 쓰이지만 뒤에 물음표와 함께 쓰인다면 '뭐라고 하셨죠?'를 뜻하기도 해요.

○ 다시 한 번 말해주시겠어요?
Could you say it again, please?
쿠 쥬 쎄이 잇 어게인, 플리즈?

○ 조금 천천히 말해주시겠어요?
Could you speak slowly, please?
쿠 쥬 스픽 스로우리, 플리즈?

○ 조금 크게 말해주시겠어요?
Could you speak louder, please?
쿠 쥬 스픽 라우더, 플리즈?

○ 못 알아들었어요.
I don't understand.
아이 돈 언더스탠.

○ 그게 무슨 뜻이죠?
What does that mean?
왓 더즈 댓 민?

○ 이걸 어떻게 발음하죠?
How do you pronounce it?
하우 두 유 프라나운스 잇?

○ 철자가 어떻게 되죠?
How do you spell it?
하우 두 유 스펠 잇?

철자를 물을 때 **What's the spelling?**이라고 묻는다면 틀린 거예요. '철자'를 **spelling**이라는 단어로 떠올려 실수하는 것인데, **spell**은 '철자를 쓰다, 말하다'라는 의미의 동사이므로 **How do you spell it?**이라고 해야 해요.

○ 제가 하는 말을 이해하겠어요?
Do you understand me?
두 유 언더스탠 미?

○ 여기에 써주실래요?
Could you write it down, please?
쿠 쥬 롸이 릿 다운, 플리즈?

기분 표현하기

10-06

○ 정말 멋지네요!
   That's fantastic!
   댓츠 환타스틱!

○ 정말 아름답군요!
   It's so beautiful!
   잇츠 쏘 뷰리풀!

   It's wonderful!
   잇츠 원더풀!

○ 역겨워요!
   That's disgusting!
   댓츠 디스거스팅!

○ 끔찍해요!
   It's terrible!
   잇츠 테뤄블!

○ 저는 이걸 굉장히 좋아해요!
   Oh, I love it!
   오, 아이 러브 잇!

   It's my favorite!
   잇츠 마이 풰이보륏!

○ 저는 이걸 싫어해요.
   I don't like it.
   아이 돈 라이 킷!

   I hate it!
   아이 헤이 릿!

'매우 싫어한다'라는 표현은 동사 **hate** '증오하다, 몹시 싫어하다'를 사용해요. 예를 들어 누군가에게 **I hate you!**라고 하면 '난 네가 정말 싫어/너를 경멸해'라는 의미가 되죠.

비자 인터뷰와 입국심사

🔊 10-07

○ 비자를 신청하고 싶어요.

I'd like to apply for a visa.

아이드 라이크 투 어플라이 포 러 비자.

○ 제 비자를 연장하고 싶은데요.

I'd like to apply for my visa extension.

이이드 라이크 투 어플라이 푸 마이 비자 익스텐션.

○ 여권 좀 보여주시겠어요?

May I see your passport, please?

메아이 씨 유어 패스포트, 플리즈?

○ 여행 목적이 무엇인가요?

What's the nature of your trip?

왓츠 더 네이춰 오브 유어 트립?

○ 휴가를 보내려고 왔어요.

I'm here on holiday.

아임 히어 온 할리데이.

○ 얼마 동안 머무를 예정인가요?

How long are you going to stay?

하우 롱 아 유 고잉 투 스테이?

○ 2주일 동안 머물 예정입니다.

I'll stay here for two weeks.

아일 스테이 히얼 포 투 윅스.

긴급 상황에 처했을 때

🔊 10-08

○ 구급차를 불러주세요.
  Call an ambulance!
  콜 언 엠뷸런싀

○ 병원에 데려다 주세요.
  Please, take me to the hospital.
  플리즈, 테익 미 투 더 호스피를.

○ 머리가 심하게 아파요.
  I have a terrible headache.

headache 두통	
stomachache 복통	
backache 요통	
toothache 치통	

  아이 해브 어 테뤄블 헤드에잌

○ 경찰을 불러주세요.
  Call the police, please.
  콜 더 폴리스, 플리즈.

  Call the cops, please.
  콜 더 캅스, 플리즈.

○ 여권을 잃어버렸어요.
  I've lost my passport.
  아이브 로스트 마이 패스포트.

○ 길을 잃었어요.
  I'm lost.
  아임 로스트.

○ 열쇠를 안에 두고 문이 잠겼어요.
  I'm locked out of my room.
  아임 락트 아웃 오브 마이 룸.

○ 여행자수표를 도둑맞았어요.

My traveler's checks have been stolen.

미이 트레블러스 첵스 해브 빈 스톨른

○ 도둑이야! 잡아라!

Thief! Stop him!

띠프 스탑 힘

○ 여기 누구 한국말 할 줄 아는 사람 있나요?

Can anyone here speak Korean?

캔 애니원 히어 스픽 코뤼언?

○ 한국 대사관에 연락 좀 해주세요.

Please, call the Korean Embassy.

플리즈, 콜 더 코뤼언 엠버씨

○ 여보세요, 긴급 상황입니다.

Hello, this is an emergency.

헬로우, 디스 이스 언 이멀전시

○ 누가 좀 도와주세요!

Somebody help me!

썸바리 헬프 미!

Help!

헬프!

· 해외여행 짐싸기

여행을 떠날 때 짐은 가볍고 부피가 작을수록 좋아요. 그러나 꼭 필요한 물건까지 빼놓고 갈 수는 없겠죠? 현지에서 구입할 수 있는 소모품은 과감히 덜어내고 꼭 필요한 물건 위주로 챙기세요. 귀중품이나 보석 등 분실의 여지가 있거나 식품 등 가져갈까 말까 망설이는 물건들은 과감히 포기하세요.

필수 아이템

여권, 항공권, 신용카드, 현금은 여행이 끝날 때까지 반드시 몸에 지니세요. 여행용 복대를 준비하는 것도 좋은 방법이에요. 만일을 대비해 여권과 항공권 사본을 만들어 각기 다른 가방에 보관하는 것도 좋고 여권번호와 신용카드 번호, 중요한 연락처 등은 따로 보관하세요.

신발

신발은 가볍고 걷기에 편한 게 가장 좋아요. 따라서 새 신발보다 원래 신던 편한 신발이 오히려 좋고 여름이라면 샌들도 유용하게 쓰여요.

옷

옷가지는 부피를 최대한 줄여 반드시 필요한 옷가지 중심으로 준비하세요. 계절과 여행 기간에 따라 다르지만 기본적으로 속옷 4~5벌과 양말 4~5켤레, 티셔츠 4~5벌, 바지 2~3벌이 적당해요. 새옷 보다는 평소 입던 편한 옷을 챙기는 게 좋아요. 여행 국가의 기후를 고려해 옷가지를 챙기는데요, 예를 들어 우리나라가 여름일 때 호주, 뉴질랜드는 겨울이니까 계절을 잘 알아보고 옷을 준비하세요.

세면도구

에어비앤비나 호스텔, 게스트하우스 등은 본인의 세면도구를 직접 준비해야 하는 곳이 많아요. 그러한 경우에는 치약, 칫솔, 수건, 드라이어, 화장품, 손톱깎이, 면도기 등을 준비하세요.

구급약

평소에 복용하는 약이 있다면 준비하고 상비약인 소화제, 진통제, 감기약, 소독약, 파스, 반창고, 생리대 등을 준비하세요. 모두 현지에서 구입 가능하지만 한국 제품이 더 좋고 가격도 저렴한 경우가 많아요. 렌즈 사용자라면 식염수와 렌즈통도 잊지 말고 챙기세요.

Appendix
부록

이번 부록 챕터에서는 우리가 지금까지 잘못 알고 사용하고 있는 영단어, 영국식 영어와 미국식 영어의 차이, 그리고 공항과 기내 방송으로 들을 수 있는 표현을 알아볼게요.

한국인의 영어실력이 점점 좋아지지만 아직도 몰라서, 또는 습관적으로 쓰는 잘못된 표현의 영단어가 아주 많아요. 우리끼리는 다 알아듣지만 외국에 가면 아무도 알아듣지 못하죠. 이번에는 이러한 틀린 단어들의 올바른 표현을 알아볼게요.

한국어	틀린 표현	옳은 표현
개그맨	gag man	comedian [코미디언]
껌	gum	chewing gum [츄잉 껌]
드라이버	driver	screw driver [스크류 드라이버]
레벨 업	level up	upgrade [업그레이드]
룸살롱	room salon	hostess bar [호스테스 바]
리모컨	remocon	remote control [뤼모트 컨트롤]
모닝콜	morning call	wakeup call [웨이컵 콜]
믹서기	mixer	blender [블렌더]
백미러	back mirror	rear view morrow [뤼어 뷰 미뤄]
버전 업	version up	an upgraded version [언 업그레이딛 벌전]
접착제	bond	adhesive [에드히씨브]
사이다	cider	soda pop [소다 팝]
사이드 브레이크	side brake	hand brake [핸드 브레익]
사인	sign	signature [씨그니춰]
샤프	sharp	mechanical pencil [메카니컬 펜슬]
슈퍼	super	supermarket [수퍼마켓]
스탠드	stand	desk lamp [데스크 램프]

한국어	틀린 표현	옳은 표현
싸인 펜	sign pen	felt pen [펠트 펜]
아나운서	announcer	newscaster [뉴스캐스터]
아르바이트	arbeit	part-time job [파트타임 잡]
아이쇼핑	eye shopping	window-shopping [윈도우-샤핑]
아파트	apart	apartment [아파트먼트]
약속 펑크	punk	cancellation [캔슬레이션]
에어컨	aircon	air conditioner [에어 컨디셔너]
오바이트	overeat	vomiting [보미링]
오토바이	autobi	motorbike [모러바이크]
오픈카	open car	convertibles [컨버러블스]
와이셔츠	Y-shirt	business shirt [비즈니스 셔츠]
원 샷!	one shot!	bottoms up! [바럼스 업]
원룸	one room	studio apartment [스튜디오 아파트먼트]
자동차 썬팅	sunting	tinting [틴딩]
자동차 핸들	handle	steering wheel [스티어링 윌]
점퍼	jumper	windbreaker [윈드브레이커]
츄리닝	training	track suit [트랙 숫]
커닝	cunning	cheating [취링]
콘센트	concent	electrical outlet [일렉트뤼컬 아웃렛]
클락숀	klakshion	horn [혼]
탤런트	talent	TV actor/actress [티브이 액터/액트뤠스]
티	T	T-shirt [티-셔츠]
파마	pama	perm [펌]
타이어 펑크	punk	flat tire [플랫 타이어]
포켓볼	pocket ball	pool [풀]
프런트(호텔/식당)	front	front desk [프론트 데스크]
프로 (%)	pro	percent [펄쎈]
핸드폰	hand phone	cellular/mobile phone [쎌룰러 폰]

02 미국영어와 영국영어의 차이

같은 영어라도 미국영어와 영국영어가 조금 다르다는 것은 모두 아실 거예요. 보통 미국식 영어는 미국, 캐나다, 필리핀 등에서 사용되며, 영국식 영어는 영국, 호주, 뉴질랜드 등 대체로 영연방국가에서 사용돼요.

① 단어의 차이

의미는 같은데 단어가 다른 경우가 상당히 많아요. 그 대표적인 어휘를 주제별로 분류해서 알아볼게요.

한국어	영국식	미국식
· 자동차나 여행 관련		
가속페달	accelerator [악셀러웨이러]	gas pedal [게스 페들]
깜빡이	turn signal [턴 시그널]	indicator [인디케이러]
번호판	number plate [넘버 플레이트]	license plate [라이센스 플레잇]
안테나	aerial [에뤼얼]	antenna [안테나]
엔진 뚜껑	bonnet [보닛]	hood [후드]
자동차 연료	petrol [페트롤]	gas [게스]
자동차로 데려다 주다	give a lift [기브 어 리프트]	give a ride [기브 어 롸이드]
주유소	petrol station [페트롤 스테이션]	gas station [게스 스테이션]
주차장	car park [카 팕]	parking lot [파킹 랏]
인도	pavement [페이브먼트]	sidewalk [사이드워크]
방학 · 휴가	holiday [할리데이]	vacation [베케이션]
왕복티켓	return ticket [뤼턴 티킷]	round trip ticket [롸운드 트립 티킷]
· 은행이나 우편 관련		
당좌계좌	current account [커런 어카운트]	checking account [체킹 어카운트]
신용계좌	credit account [크뤠딧 어카운트]	charge account [차쥐 어카운트]
우체부	postman [포스트맨]	mailman [메일맨]
우편	post [포스트]	mail [메일]

한국어	영국식	미국식
우편번호	post code [포스트 코드]	zip code [집 코드]
소포	parcel [파슬]	package [페키쥐]

• 요리와 음료 관련

한국어	영국식	미국식
감자 과자	crisps [크리슙스]	potato chips [포테이로 칩스]
감자튀김	chips [칩스]	French fries [후렌차-후라이스]
디저트	pudding [푸딩]	dessert [디저얼트]
사탕	sweets [스윗츠]	candy [캔디]
잘게 간 고기	mince [민스]	ground meat [그라운 밑]
주둥이가 넓은 주전자	jug [저그]	pitcher [핏쳐]
통조림	tin [틴]	can [캔]

• 직업이나 상점 관련

한국어	영국식	미국식
뉴스앵커	newsreader [뉴스뤼더]	newscaster [뉴스캐스터]
변호사	solicitor [솔리씨러]	attorney [어토니]
생선장수	fishmonger [휘쉬몽거]	fish dealer [휘쉬 딜러]
아기돌보미	childminder [촤일드마인더]	baby-sitter [베이비씨러]
약국	chemist's [케미스츠]	drugstore [드럭스토어]
약사	chemist [케미스트]	druggist [드뤄기스트]
철물점	ironmonger [아이언몽거]	hardware store [하드웨어 스토어]

• 집 관련

한국어	영국식	미국식
1층	ground floor [그라운 플로어]	first floor [휠스트 플로어]
2층	first floor [휠스트 플로어]	second floor [쎄컨 플로어]
수도꼭지	water tap [워러 탭]	faucet [포싯]
승강기	lift [리프트]	elevator [엘레베이러]
쓰레기	rubbish [뤼비쉬]	junk [정크]
쓰레기통	dustbin [더스트빈]	garbage can [가비쥐 캔]
아파트	flat [플랫]	apartment [아파트먼트]
임대	let [렛]	rent [렌트]

• 의복 관련

한국어	영국식	미국식
기저귀	nappy [내피]	diaper [다이아퍼]
남자 팬티	pants [팬츠]	underpants [언더팬츠]
바지	trousers [트라우저스]	pants [팬츠]
봉지	carrier bag [캐뤼어 백]	shopping bag [샤핑 백]

한국어	영국식	미국식
빨래 바구니	laundry basket [론드뤼 배스킷]	hamper [햄퍼]
스웨터	jumper [점퍼]	sweater [스웨러]
옷장	wardrobe [워드로움]	closet [클라짓]
턱시도	dinner jacket [디너 재킷]	tuxedo [턱시도]

• 학교 관련

게시판	notice board [노리스 보드]	bulletin board [불레린 보드]
고무줄	elastic band [일라스틱 밴드]	rubber band [뤄버 밴드]
지우개	rubber [뤄버]	eraser [이뤠이저]
초등학교	primary school [프라이머뤼 스쿨]	elementary school [엘리멘터뤼 스쿨]
학기	term [텀]	semester [쎄미스터]

• 기타

반창고	plaster [플라스터]	band-aid [밴드-에이드]
손전등	torch [토취]	flashlight [프레쉬라잇]
아이들이 노는 풀장	paddling pool [패들링 풀]	wading pool [웨딩 풀]
영화	film [휘음]	movie [무비]
유모차	pram [프램]	baby carriage [베이비 캐뤼지]
축구	football [풋볼]	soccer [싸커]

② 철자의 차이

영국영어와 미국영어는 철자를 다르게 쓰는 단어도 여러 개가 있어요. 지금부터 같은 의미이지만 철자가 다른 영국영어 단어와 미국영어 단어의 예를 살펴볼게요.

한국어	영국식	미국식
극장	theatre [씨어터]	theater [씨어러]
미터(길이 단위)	metre [메터]	meter [미러]
섬유	fibre [화이버]	fiber [화이버]
중심, 센터	centre [쎈터]	center [쎈터]
노동, 근로	labour [래이버어]	labor [래이버]
맛, 풍미	flavour [흘래이버어]	flavor [흘래이버]
유머	humour [휴모어]	humor [휴모]
좋아하는	favourite [풰이보륏]	favorite [풰이보륏]
컬러	colour [컬러]	color [컬러]
대화	dialogue [다이얼로그]	dialog [다이얼로그]
아날로그	analogue [아날로그]	analog [아날로그]
카탈로그	catalogue [캐털로그]	catalog [캐럴로그]
방어	defence [디휀스]	defense [디휀스]
비행기	aeroplane [에어로플레인]	air plane [에어 플레인]
수표	cheque [첵]	check [첵]
프로그램	programme [프로그램]	program [프로그램]
회색	grey [그레이]	gray [그레이]

③ 억양과 발음의 차이

영국영화를 보면 발음이 미국영화를 볼 때와 확연히 다르고 투박하다고 느끼시죠? 영국식 발음의 가장 큰 특징은 O와 T발음을 그대로 하고, R 발음도 많이 굴리지 않는 다는 거예요.

I can not drink water. '난 물을 못 마셔.'라는 문장을 미국발음으로는 [아이 캔 낫 드렁 워러.]라고 한다면 영국인은 [아이 캔 놋 드링크 워터.]라고 강하고 분명히 발음해요.

또한 [아] 발음 역시 차이가 있는데요, answer(영 [안써] / 미 [앤썰]), dance(영 [단스] / 미 [댄스]), glass(영 [글라스] / 미 [글래스])처럼 발음하는 차이가 있어요.

필수 지참 여행영어 가이드

MUST HAVE 여행영어

머스트
해브
TRAVEL
ENGLISH